S. Balamurugan

Princípios de análise, modelação e conceção orientadas para os objectos

S. Balamurugan

Princípios de análise, modelação e conceção orientadas para os objectos

ScienciaScripts

Imprint

Any brand names and product names mentioned in this book are subject to trademark, brand or patent protection and are trademarks or registered trademarks of their respective holders. The use of brand names, product names, common names, trade names, product descriptions etc. even without a particular marking in this work is in no way to be construed to mean that such names may be regarded as unrestricted in respect of trademark and brand protection legislation and could thus be used by anyone.

Cover image: www.ingimage.com

This book is a translation from the original published under ISBN 978-620-2-31246-2.

Publisher:
Sciencia Scripts
is a trademark of
Dodo Books Indian Ocean Ltd. and OmniScriptum S.R.L publishing group

120 High Road, East Finchley, London, N2 9ED, United Kingdom
Str. Armeneasca 28/1, office 1, Chisinau MD-2012, Republic of Moldova, Europe
Printed at: see last page
ISBN: 978-620-7-94422-4

SOBRE O AUTOR

O Dr. S. Balamurugan é Diretor de Investigação e Desenvolvimento na Mindnotix Technologies, Índia. **Publicou** mais de **150 artigos** em várias revistas e conferências internacionais e **é autor ou coautor de 12 livros.** Atualmente, está a trabalhar na autoria de mais três livros. Como Diretor de Investigação e Desenvolvimento na Mindnotix, ele e a sua equipa ganharam o **CSI Young IT Professional Award 2017 para a Região 7, apresentado pela Computer Society of India**, Coimbatore Chapter. Recebeu também o **prémio de melhor investigador** da IARA, o **certificado de excecionalidade** da ASDF, **o prémio de jovem cientista e o prémio de melhor jovem investigador**. Recebeu um **doutoramento honorário** pela sua contribuição significativa para a investigação e o desenvolvimento na sociedade e foi selecionado para o **prémio de melhor diretor de 2018.** Durante os seus estudos de bacharelato no PSG College of Technology, na Índia, desempenhou as funções de secretário-adjunto da ITA. Entre 2013 e 2016, conduziu um projeto de consultoria na área da saúde para os Hospitais VGM e os seus actuais projectos de investigação incluem **"Women Empowerment using IoT"**, **"Health-Aware Smart Chair", "Advanced Brain Simulators for Assisting Physiological Medicine", "Designing Novel Health Bands"** e "IoT -based Devices for Assisting ElderlyPeople". As suas actividades profissionais incluem funções como co-editor, membro do conselho editorial e/ou revisor em **mais de 100 revistas e conferências internacionais e em 2 editoras de livros.** Foi presidente de sessão convidado em mais de 25 conferências e foi convidado como **convidado principal/pessoa de recurso** por muitas faculdades filiadas na Universidade de Anna e na Universidade de Bharathiyar. A sua biografia consta da lista do **"World Book of Researchers" 2018, Oxford, Reino Unido, e da edição de 2018 do "Marquis WHO'S WHO", Nova Jérsia, EUA.** Os seus interesses de investigação incluem a modelação de objectos, a realidade aumentada, a Internet das Coisas, a análise de grandes volumes de dados, a computação em nuvem e a computação vestível. É membro vitalício da ACM, IEEE, ISTE e CSI. É autor de um capítulo num livro internacional **"Information Processing" publicado pela I.K. International Publishing House Pvt. Ltd, Nova Deli**, Índia, 978-81-906942-4-7. É autor de 4 livros intitulados **"Principles of Social Network Data Security"**, ISBN: 978-3-659-61207-7 e **"Principles of Scheduling in Cloud Computing"**, ISBN: 978-3-639-66950-3 e **"Principles of Database Security"**, ISBN: 978-3-639-76030-9, **"Principles of Security in Cloud Computing"**, ISBN: 978-3-639-51864-1

SOBRE O LIVRO

Até à data, a maior parte dos esforços da comunidade orientada para os objectos centrou-se em questões relacionadas com as linguagens de programação. As linguagens de programação orientadas para objectos são úteis quando se trata de eliminar as limitações resultantes da inflexibilidade das linguagens de programação tradicionais. No entanto, em alguns aspectos, esta ênfase é um passo atrás para o desenvolvimento de software, uma vez que se centra demasiado nos mecanismos de implementação e não no processo de pensamento subjacente que estes suportam. O desenvolvimento orientado para objectos é um processo concetual que é independente da linguagem de programação até à fase final. A programação orientada para objectos é essencialmente uma nova forma de pensar e não uma técnica de programação. A sua maior vantagem é ajudar os especificadores, os programadores e os clientes a exprimir claramente conceitos abstractos e a comunicá-los entre si. Pode servir como meio de especificação, análise, documentação e interface, bem como de programação. Este livro pretende fornecer uma visão geral da análise e conceção orientadas para os objectos. Os princípios da modelação de objectos são discutidos em pormenor a partir de várias perspectivas. As tendências modernas da modelação de objectos são abordadas em inglês de fácil compreensão, partindo dos princípios e terminologias básicos, para que o leitor possa compreendê-los com um esforço mínimo. Uma caraterística especial do livro são os estudos de casos de utilização incluídos.

QUEM BENEFICIARÁ COM ESTE LIVRO

Este livro é um guia ideal para B.E.. B.Tech., B.S., B.Sc, B.C.A., estudantes de ciências e engenharia informática, tecnologia da informação, eletrónica e engenharia de comunicações que desejem realizar projectos de modelação de objectos e desenvolvimento de software. Os estudantes que frequentam programas de pós-graduação em ciências e engenharia, bem como os estudantes de M.E., M.Tech., M.S., M.Sc. e M.C.A., considerarão este livro útil para os seus projectos. Os investigadores que trabalham no domínio da engenharia de software considerarão este livro uma referência útil para os seus trabalhos de investigação de mestrado, doutoramento, doutoramento e outros trabalhos de pós-doutoramento. Os engenheiros de software que trabalham no sector das TI e ITES, especificamente em modelação orientada para objectos e engenharia de software, considerarão este livro um recurso útil. Em conclusão, creio que o leitor encontrará neste livro um guia realmente útil e uma valiosa fonte de informação sobre os vários princípios e estratégias da modelação e conceção orientadas para objectos.

Dr. S. Balamurugan

COTAÇÃO

O Dr. Balamuurgan está sempre grato a Deus pela sua perseverança.

O Dr. Balamurugan gostaria de agradecer ao seu pai, o Sr. M. Shanmugam, e à sua mãe, a Sra. Sarojini, e a todos os membros da família pelo seu apoio. Gostaria de agradecer à sua mulher e melhor amiga, a Sra. S. Charanyaa, por lhe ter dado uma nova esperança e o ter apoiado em todos os seus esforços. Toda a sua gratidão vai para a sua mulher, que o tem acompanhado nos altos e baixos da vida, nos bons e maus momentos, e agora na jornada de escrever este livro. Agradece às suas irmãs, a Sra. S. Amudha e a sua família, e a Dra. S. Geetha e a sua família pelo seu apoio. Agradece também ao seu sogro, Sr. K.S.Subramaniam, e à sua sogra, Sra. S.Varalakshmi, pelo seu apoio. Os seus agradecimentos especiais vão para o seu cunhado, Sr. S. Vivek, e para a sua família por o terem sempre motivado para o sucesso.

O Dr. Balamurugan gostaria de agradecer ao seu melhor amigo, o Sr. S. Sathish Kumar, fundador e Diretor Executivo da Mindnotix Technologies, Coimbatore, Índia, pelo seu apoio moral incondicional, pelos valiosos conhecimentos que forneceu e pela disponibilização de instalações e bancos de ensaio em tempo real para observar os aspectos práticos da modelação de objectos. Gostaria também de agradecer à equipa de gestão da Mindnotix Technologies, Coimbatore, Índia, pelo seu apoio.

O Dr. Balamurugan gostaria de agradecer à sua mulher e melhor amiga, a Sra. S. Charanyaa, e ao seu filho, o Mestre B. Surya, que considera a melhor parte da sua vida, pela sua paciência quando passava a maior parte do tempo a trabalhar em livros.

Dr. S. Balamurugan

Capítulo 1
INTRODUÇÃO

Até à data, a maior parte dos esforços da comunidade orientada para os objectos centrou-se em questões relacionadas com as linguagens de programação. As linguagens de programação orientadas para objectos são úteis quando se trata de eliminar as limitações decorrentes da inflexibilidade das linguagens de programação tradicionais. No entanto, em alguns aspectos, este enfoque é um passo atrás para a engenharia de software, uma vez que se concentra demasiado nos mecanismos de implementação e não no processo de pensamento subjacente que estes suportam.

O verdadeiro benefício vem da correção dos problemas conceptuais no início e não dos problemas de implementação no final. As falhas de conceção que surgem durante a implementação são mais dispendiosas de corrigir do que as que são descobertas mais cedo. Concentrar-se em questões de implementação demasiado cedo limita as escolhas de design e resulta frequentemente num produto inferior. Uma abordagem de desenvolvimento orientada para objectos incentiva os programadores de software a trabalhar e a pensar em termos do domínio da aplicação durante a maior parte do ciclo de desenvolvimento do software.

O desenvolvimento orientado para os objectos é um processo concetual que é independente da linguagem de programação até à fase final. A programação orientada para objectos é essencialmente uma nova forma de pensar e não uma técnica de programação. A sua maior vantagem é que ajuda os especificadores, os programadores e os clientes a exprimirem e comunicarem claramente conceitos abstractos entre si. Pode servir como meio de especificação, análise, documentação e interface, bem como de programação.

A Linguagem de Modelação Unificada (UML) é uma linguagem de modelação normalizada de uso geral no domínio do desenvolvimento de software. A UML inclui uma série de técnicas de notação gráfica para a criação de modelos abstractos de sistemas específicos, designados por modelos UML. A Linguagem de Modelação Unificada (UML) é uma linguagem gráfica para visualizar, especificar, construir e documentar os artefactos de um sistema de software intensivo. A Linguagem de Modelação Unificada fornece um método normalizado para escrever desenhos de sistemas, incluindo elementos conceptuais, como processos empresariais e funções de sistemas, bem como elementos concretos, como instruções de linguagem de programação, esquemas de bases de dados e componentes de software reutilizáveis. A UML é oficialmente definida pelo Object Management Group (OMG) como um metamodelo UML, um metamodelo Meta-Object Facility (MOF). Tal como outras especificações baseadas em MOF, a UML permitiu que os programadores de software se concentrassem mais na conceção e na arquitetura. Trata-se de uma linguagem de uso geral que utiliza uma etiqueta gráfica para criar um modelo abstrato que é utilizado num sistema. O grupo de gestão de objectos é responsável pela definição da UML e executa-a através do metamodelo UML.

A complexidade do software nos últimos anos tem levado a que os programadores se vejam confrontados com uma maior complexidade na construção de aplicações

5

complexas num curto espaço de tempo, e mesmo que o consigam, estas estão muitas vezes cheias de bugs, podendo os programadores demorar semanas a encontrá-los e corrigi-los. No entanto, deve ser enfatizado que a UML não é apenas usada para modelar o software, mas também pode ser usada para criar modelos para engenharia de sistemas, organização de negócios, uma linguagem especial chamada System Modelling Language que foi desenvolvida para lidar com o sistema que é definido emUML2.0.A Linguagem de Modelagem Unificada é importante por muitas razões, primeiro porque tem sido usada como catalisador em tecnologia avançada que é orientada por modelos e algumas delas incluem o desenvolvimento moderno orientado.

Os modelos UML podem ser automaticamente transformados noutras representações (por exemplo, Java) com a ajuda de linguagens de transformação do tipo QVT apoiadas pela OMG. O UML é extensível e oferece os seguintes mecanismos de personalização: perfis e estereótipos. A semântica da extensão através de perfis foi melhorada com a revisão principal do UML 1.0. É muito importante distinguir entre o modelo UML e o conjunto de diagramas de um sistema. Um diagrama é uma representação gráfica parcial do modelo de um sistema. O modelo também contém um "suporte semântico" - documentação como casos de utilização escritos que controlam os elementos do modelo e os diagramas. Os diagramas UML representam três visões diferentes de um modelo de sistema:

- Visão dos requisitos funcionais: Dá ênfase aos requisitos funcionais do sistema na perspetiva do utilizador. Inclui também diagramas de casos de utilização.

- Vista de estrutura estática: O foco é a estrutura estática do sistema com objectos, atributos, operações e relações. Inclui diagramas de classes e diagramas de estrutura composta.

- Vista "Comportamento dinâmico": Dá ênfase ao comportamento dinâmico do sistema, mostrando a colaboração entre objectos e as alterações nos estados internos dos objectos. Inclui diagramas de sequência, diagramas de atividade e diagramas de máquina de estados.

- **Diagrama de classes:**

O diagrama de classes modela a estrutura estática do sistema utilizando objectos, atributos, operações e relações. A relação entre diferentes atributos pode ser claramente descrita utilizando os vários símbolos.

- Objectos: Os objectos são as entidades que partilham os atributos da classe. os objectos podem ser uma entidade real. por exemplo, considere-se o sistema de gestão de bibliotecas em que cada pessoa que empresta um livro de uma biblioteca é considerada um objeto da classe utilizador.os objectos partilham os atributos e operações da classe. em geral, um objeto é um meio através do qual podemos aceder aos atributos da classe

-Atributos e operações: Os atributos são as variáveis que contêm o valor de um objeto. Podem ser de qualquer tipo de dados, mas o utilizador deve especificar o tipo de dados ao declarar uma classe. Os atributos são também designados por "membros de dados". As operações denotam as acções ou as funções que são executadas por um objeto,

-relações: A relação descreve a relação entre diferentes classes ou objectos num diagrama de classes e descreve o tipo de comunicação que existe.

Existem diferentes tipos de relações que ocorrem entre classes num diagrama de classes e que são descritas a seguir

1 Inclusividade: significa que as duas classes estão estreitamente relacionadas, por exemplo, existe uma relação estreita entre a Internet e os motores de pesquisa (ou seja, sem motores de pesquisa não podemos aceder à Internet), que é representada por um losango sombreado.

2 Agregação: denota a relação fraca que existe entre duas ou mais classes, mostrando que uma determinada classe pode ou não estar presente no processo de modelação, e é representada por um ponteiro de diamante oco.

3 Associação: descreve a relação que existe entre duas classes e é representada por uma linha reta.

4 Herança: Esta relação descreve a relação de herança que existe entre duas classes. A herança é uma caraterística importante de um modelo de dados orientado para os objectos e ajuda na reutilização dos códigos. A herança ajuda a herdar os atributos e as funções dos membros da classe-mãe para a classe-filha.

5 Cardinalidade: descreve o número de ocorrências de um evento e indica normalmente a forma como a ocorrência de um objeto está ligada à ocorrência de outro objeto.

Diagrama de casos de utilização

Os diagramas de casos de utilização modelam a funcionalidade de um sistema com a ajuda de actores e casos de utilização. Os casos de utilização são serviços ou funções que o sistema fornece aos seus utilizadores. Os componentes de um diagrama de casos de uso incluem:

• Actores: Os actores representam entidades externas ao sistema. Podem ser pessoas ou coisas que interagem com o sistema que está a ser modelado. Por exemplo, se estivermos a modelar uma loja em linha, há muitos actores que interagem com a funcionalidade da loja. O cliente navega no catálogo, seleciona artigos e efectua o pagamento dos mesmos. Um funcionário do armazém analisa as encomendas e embala os artigos para o cliente. Um sistema de faturação debita o montante da compra no cartão de crédito do cliente.

• Casos de utilização: Os casos de utilização são partes funcionais do sistema. Quando dizemos o que um ator faz, trata-se de um caso de utilização. O cliente

"Navegar no catálogo", "Selecionar artigos para compra" e "Pagar os artigos". Todos estes são casos de utilização. Muitos actores podem partilhar casos de utilização. Se encontrarmos um caso de utilização que não esteja atribuído a um ator, pode tratar-se de uma funcionalidade desnecessária.

• Associações: As associações entre actores e casos de utilização são representadas por uma linha sólida entre eles. Isto representa apenas que um ator está a utilizar o caso de utilização.

Existem também dois tipos de relações entre casos de utilização:

• Incluir: Os casos de utilização associados aos actores podem ser muito gerais. Por vezes, "incluem" funções mais específicas. Por exemplo, o caso de utilização "reabastecimento", que está associado ao cliente, inclui três casos de utilização: Selecionar o tipo de gás, encher o depósito e calcular o montante total. A relação de inclusão é representada por setas tracejadas que se referem à funcionalidade incluída. Ao lado da seta está <<includes>>.

• Alargado: Um caso de utilização alargado é uma adição ao caso de utilização básico. Por exemplo, algumas lojas podem oferecer diferentes opções de pagamento, como cartão de crédito, cartão de débito ou contra-reembolso. Estas funcionalidades específicas são uma extensão do caso de utilização geral "Pagamento de artigos". A relação "Extended" é representada por setas a tracejado que apontam para a funcionalidade básica. Ao lado da seta está <<extended>>

Diagrama de interação
Os diagramas de interação modelam o comportamento dos casos de utilização, descrevendo a forma como grupos de objectos interagem para realizar a tarefa. Os dois tipos de diagramas de interação são os diagramas de sequência e os diagramas de colaboração. Os diagramas de interação são utilizados quando se pretende modelar o comportamento de vários objectos num caso de utilização. Mostram como os objectos trabalham em conjunto para o comportamento. Os diagramas de interação não fornecem uma representação detalhada do comportamento. Os diagramas de sequência, os diagramas de colaboração ou ambos os diagramas podem ser utilizados para mostrar a interação dos objectos num caso de utilização. Os diagramas de sequência geralmente mostram a sequência de eventos que ocorrem. Os diagramas de colaboração mostram como os objectos estão ligados entre si de forma estática.

O diagrama de sequência é utilizado principalmente para visualizar as interações entre objectos na ordem em que estas interações ocorrem. Tal como o diagrama de classes, os programadores pensam normalmente que os diagramas de sequência são exclusivamente para eles. No entanto, para os funcionários de uma organização, os diagramas de sequência podem ser úteis para comunicar o funcionamento atual da organização, mostrando como diferentes objectos empresariais interagem. Um diagrama de sequência a nível empresarial não só pode documentar a situação atual de uma organização, como também pode ser utilizado como documento de requisitos para comunicar os requisitos de uma futura implementação de sistema. Durante a fase de requisitos de um projeto, os analistas podem levar os casos de utilização para o nível seguinte, proporcionando um nível mais formal de refinamento. Neste caso, os casos de utilização são frequentemente refinados num ou mais diagramas de sequência. Os diagramas de sequência são úteis para o pessoal técnico de uma organização documentar o comportamento de um futuro sistema. Durante a fase de conceção, os arquitectos e programadores podem utilizar o diagrama para impor as interações entre os objectos do sistema e completar a conceção geral do sistema. Uma das principais utilizações dos diagramas de sequência é passar dos requisitos expressos como casos de utilização para o nível seguinte e mais formal de aperfeiçoamento. Os casos de utilização são frequentemente refinados num ou mais diagramas de sequência. Os diagramas de sequência podem ser utilizados não só para conceber novos sistemas, mas também para documentar a forma como os objectos de um sistema existente (chamemos-lhe "legado") interagem atualmente. Esta documentação é muito útil quando um sistema é entregue a outra pessoa ou organização.

Elementos do diagrama:

- Objeto. Cada um dos objectos envolvidos no processamento apresentado no diagrama de sequência é desenhado na parte superior. Note-se que neste diagrama são utilizados objectos, enquanto que as classes são utilizadas em casos de utilização, diagramas de classes e diagramas de transição de estados.

- Linha de vida. Uma linha pontilhada parte de cada objeto no diagrama de sequência. As setas que terminam na linha de vida indicam mensagens (comandos) enviadas para o objeto. As setas que começam na linha da vida indicam mensagens que são enviadas deste objeto para outro objeto. Num diagrama de sequência, o tempo flui de cima para baixo.

- Ativo. Para indicar que um objeto está a ser executado, ou seja, que tem controlo sobre a CPU, a linha de vida é desenhada como um retângulo fino.

- Mensagem. Uma seta horizontal representa uma mensagem (comando) que é enviada de um objeto para outro. Note que os parâmetros podem ser passados como parte da mensagem e podem (opcionalmente) ser anotados no diagrama.

- Retorno. Quando um objeto emite um comando para outro, é frequentemente devolvido um valor. Este pode ser um valor que o objeto calculou como resultado do comando ou um código de retorno que indica se o objeto concluiu com êxito o processamento do comando. Esses valores retornados geralmente não são especificados em um diagrama de seqüência, mas simplesmente assumidos. Em alguns casos, o objeto não é capaz de devolver esta informação imediatamente. Neste caso, a devolução desta informação é assinalada mais tarde no diagrama com uma seta tracejada. Isto indica que o fluxo de informação foi baseado num pedido anterior.

- Condição. Os parêntesis rectos são utilizados para especificar uma condição, ou seja, uma expressão booleana que resulta em VERDADEIRO ou FALSO. A mensagem só é enviada se a expressão for VERDADEIRA.

- Iteração. Os parêntesis rectos precedidos de um asterisco (*) indicam iteração. A mensagem é enviada várias vezes. A expressão dentro dos parêntesis descreve a regra de iteração.

O diagrama de interação é o tipo mais comum de diagrama de sequência. Os diagramas de sequência podem ser utilizados de várias formas durante o processo de desenvolvimento de software. Estas interações são capturadas num único cenário que representa um caminho de comportamento específico num sistema para um determinado caso de utilização ou conjunto de casos de utilização. Os elementos mais importantes são as linhas de vida dos objectos e os estímulos (ou mensagens). As linhas de vida dos objectos representam objectos que desempenham papéis na colaboração e os estímulos mostram as mensagens que são enviadas entre as linhas de vida ao longo do tempo.

Diagrama de actividades

Os diagramas de atividade UML 2 são normalmente utilizados para modelar processos empresariais, para modelar a lógica de um único caso de utilização ou cenário de utilização, ou para modelar a lógica detalhada de uma regra empresarial. Embora os diagramas de atividade UML possam ser capazes de modelar a lógica interna de um processo complexo, seria muito melhor simplesmente reescrever o processo de modo a torná-lo tão simples que não seja necessário um diagrama de atividade. Em muitos aspectos, os diagramas de atividade UML são o equivalente orientado a objetos dos fluxogramas e diagramas de fluxo de dados (DFDs) do desenvolvimento estruturado. Os diagramas de atividade podem representar actividades condicionais ou paralelas. Os diagramas de atividade devem ser utilizados em conjunto com outras técnicas de modelação, como os diagramas de interação e os diagramas de estado. A principal razão para utilizar diagramas de actividades é modelar o fluxo de trabalho subjacente ao sistema em desenvolvimento. Os diagramas de actividades também são úteis para analisar um caso de utilização, descrevendo as acções que devem ter lugar e quando devem ter lugar, descrevendo um algoritmo sequencial complicado e modelando aplicações com processos paralelos. No entanto, os diagramas de actividades não devem substituir os diagramas de interação e os diagramas de estado.

Os diagramas de actividades não fornecem qualquer informação sobre o comportamento dos objectos ou sobre o seu funcionamento conjunto.

Os blocos de construção de um diagrama de actividades são:

* Nó inicial

Um nó inicial ou de arranque é representado por um ponto preto grande.

- Nó final

Existem dois tipos de nós terminais: Nós finais de atividade e nós finais de fluxo. O nó terminal de atividade é apresentado como um círculo com um ponto no interior. O nó final de fluxo é apresentado como um círculo com uma cruz no interior. A diferença entre os dois tipos de nós é que o nó final de fluxo marca o fim de um único fluxo de controlo, enquanto o nó final de atividade marca o fim de todos os fluxos de controlo dentro da atividade.

- Bifurcar e unir nós:

As bifurcações e as ligações têm a mesma notação: uma barra horizontal ou vertical (a orientação depende do facto de o fluxo de controlo correr da esquerda para a direita ou de cima para baixo). Indicam o início e o fim de threads de controlo simultâneas. Uma junção difere de uma fusão na medida em que a junção sincroniza dois fluxos de entrada e cria um único fluxo de saída. O fluxo de saída de uma junção só pode ser executado depois de todos os fluxos de entrada terem sido recebidos. Com uma fusão, todos os fluxos de controlo são encaminhados diretamente através dela. Se dois ou mais fluxos de entrada forem recebidos por um símbolo de fusão, a ação à qual o seu fluxo de saída se refere é executada duas ou mais vezes.

- Nós de decisão e de fusão:

Os nós de decisão e os nós de fusão têm a mesma notação: uma forma de diamante. Ambos podem ser nomeados. Os fluxos de controlo que partem de um nó de decisão têm condições de proteção que permitem o fluxo de controlo se a condição de proteção for cumprida.

Capítulo 2
Looping orientado para os aspectos de um centro comercial utilizando uma abordagem de modelação de objectos

Nos últimos anos, registou-se um aumento acentuado da quantidade de dinheiro gasto em compras e outras coisas. Isto leva a um maior desenvolvimento no marketing e noutras áreas. Este trabalho tem como objetivo desenvolver uma linguagem de modelação que forneça uma estrutura unificada para a utilização de centros comerciais que ofereçam às pessoas a conveniência de obter todos os artigos num único local sem fazer qualquer esforço. Além disso, a metodologia proposta trata da implementação baseada na orientação a objectos, o que permite descrever explicitamente tanto o software como as funcionalidades. Isto é feito com a ajuda de uma linguagem de modelação uniforme que liga as partes lógica e física.

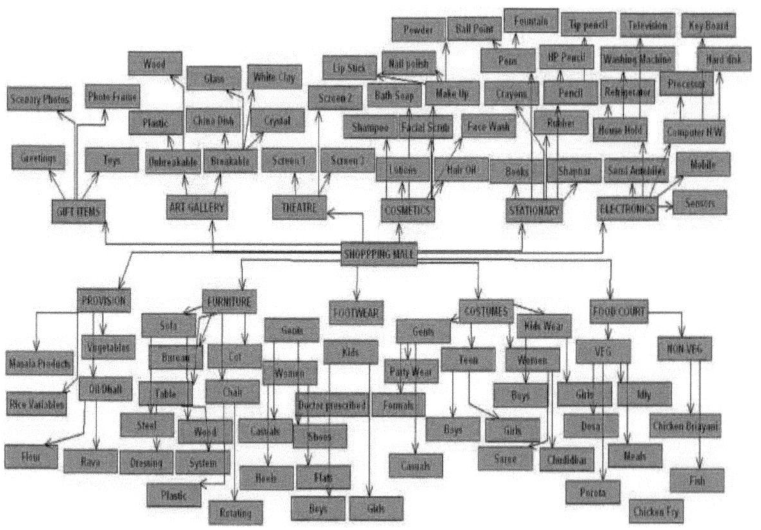

Fig. Diagrama de classes para o sistema de gestão de centros comerciais

Diagrama de casos de utilização

Fig. Diagrama de caso de utilizador para compras

O diagrama acima mostra o caso de utilização para comprar um produto num centro comercial. Em primeiro lugar, o cliente entra na loja e decide quais os produtos que quer comprar e pede ao vendedor os detalhes do produto, após o que o vendedor, por sua vez, fornece informações sobre os produtos e o cliente tira partido das ofertas de desconto e das ofertas especiais para o produto. O cliente seleciona então o artigo e paga o montante na caixa, que por sua vez devolve a fatura com o montante restante e o produto adquirido.

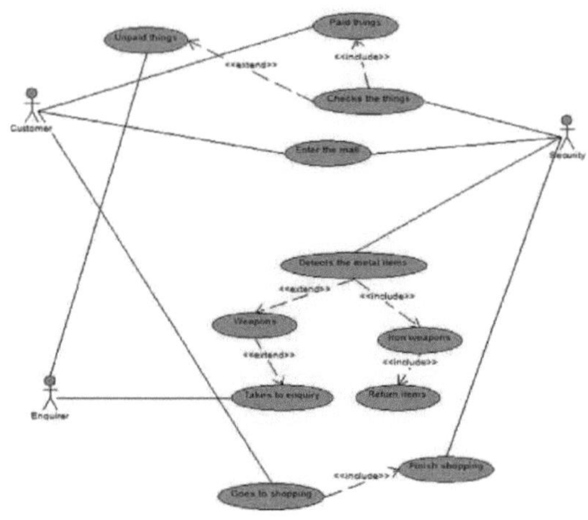

Fig. Diagrama de caso de utilizador para segurança

O diagrama de casos de utilização acima descreve o processo de segurança. Primeiro, o cliente do centro comercial entra no centro comercial. Ao longo do tempo, o pessoal de segurança do centro comercial verificará os bens dessa pessoa. Se o pessoal de segurança encontrar quaisquer objectos metálicos, como armas, o cliente será levado para a sessão de inquérito. Caso contrário, os objectos serão devolvidos ao próprio cliente. O cliente continua a comprar, termina a sua compra e sai do centro comercial. O serviço de segurança verifica mais uma vez se o cliente pagou todos os artigos comprados. Se não for esse o caso, o cliente é reencaminhado para a sessão de consulta.

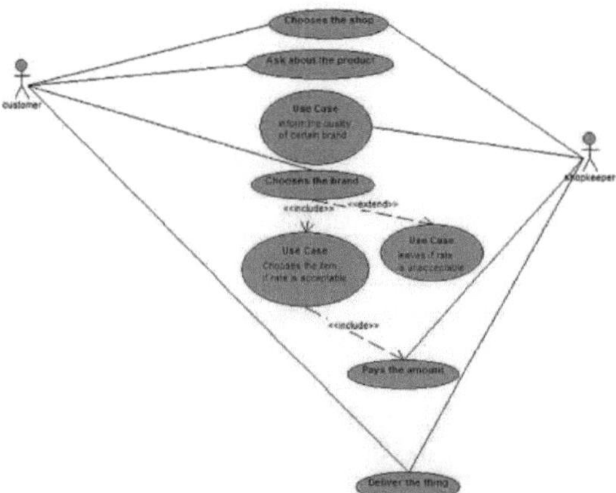

Fig. Diagrama do caso de utilização para a entrega

O diagrama de casos de utilização acima descreve o processo de entrega adotado no centro comercial. Em primeiro lugar, o fabricante distribui o produto aos empregados que, em seguida, verificam o produto; se estiver danificado, o produto é enviado para o processo de reciclagem. Caso contrário, o produto é embalado em diferentes rácios. Em seguida, o produto é distribuído ao vendedor. Em seguida, o vendedor distribui o produto ao proprietário da loja. O lojista fixa o preço e incentiva o cliente a comprar.

Diagrama de interação

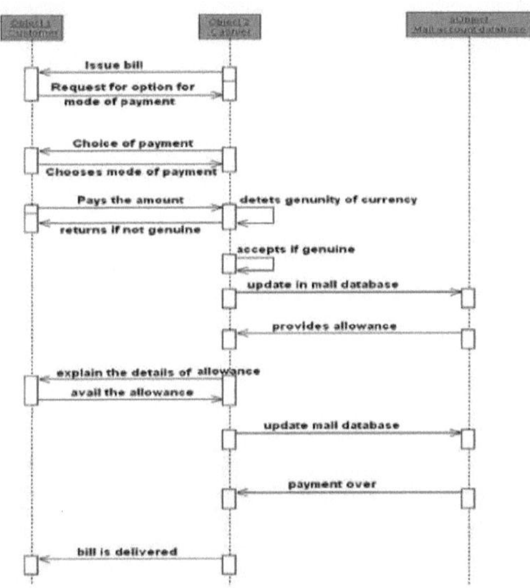

Fig. Diagrama de sequência para faturação

Este diagrama mostra a sequência de acções que são executadas durante a faturação. Esta ação inclui, portanto, os objectos cliente, caixa e base de dados de contas do centro comercial. O cliente começa por emitir a fatura ao caixa na caixa, onde lhe é perguntado o tipo de pagamento e, em seguida, são-lhe dados os pormenores sobre os tipos de pagamento que podem ser efectuados e o cliente seleciona o tipo de pagamento. Depois de pagar o montante ao caixa, este verifica a autenticidade da moeda, devolve o montante se este não for genuíno e aceita-o se for.

O montante é real, pelo que é atualizado na conta do centro comercial, e o caixa informa o cliente sobre as ofertas, após o que o pagamento é concluído e os bens são entregues ao cliente.

Fig. Diagrama de sequência para embalagem

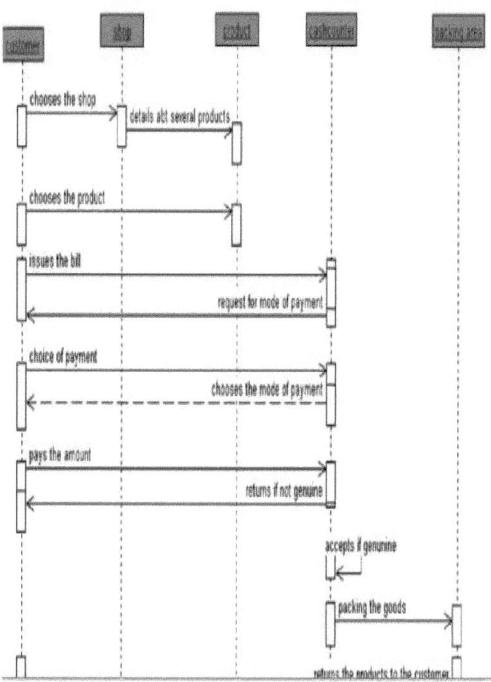

O processo de embalagem é uma das actividades envolvidas na compra de um produto. Este processo inclui vários objectos, como o cliente, a loja, o produto, a zona de pagamento e a zona de embalagem. Em primeiro lugar, o cliente seleciona a loja onde pretende comprar um produto, seleciona o produto que pretende comprar. Entretanto, o cliente seleciona o método de pagamento pretendido e paga o montante à caixa na zona de pagamento.

O caixa verifica a autenticidade do dinheiro, devolve o montante se não for genuíno e aceita-o se for genuíno, e os produtos são enviados pelo caixa para a área de embalagem onde são entregues ao cliente.

Fig. Diagrama de sequência para o marketing

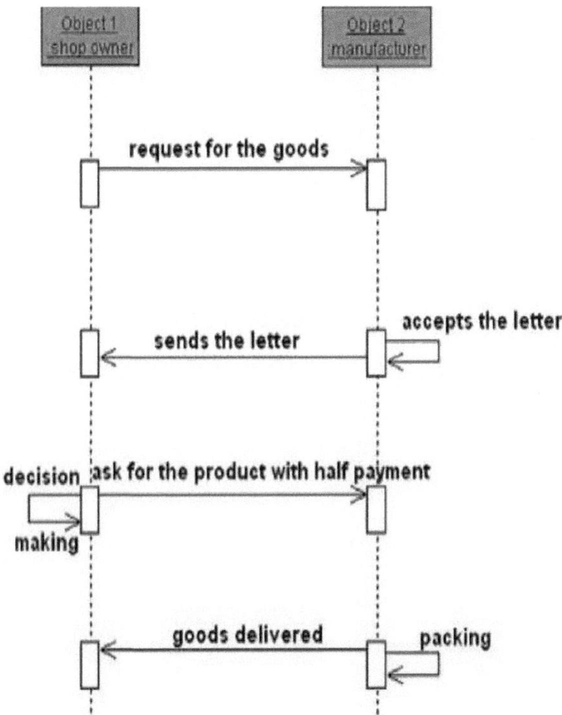

O diagrama acima mostra a sequência de actividades de marketing realizadas simultaneamente. O objeto deste processo é o lojista e o fabricante. Assim, o lojista

solicita a mercadoria ao fabricante, que, por sua vez, envia a carta ao lojista, se este a aceitar. Entretanto, o lojista decide e paga metade do valor ao fabricante assim que recebe a carta.

recebe a carta. O fabricante embala então as mercadorias e entrega-as aos interessados.

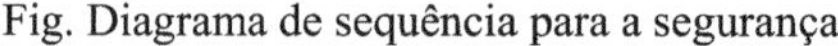

Fig. Diagrama de sequência para a segurança

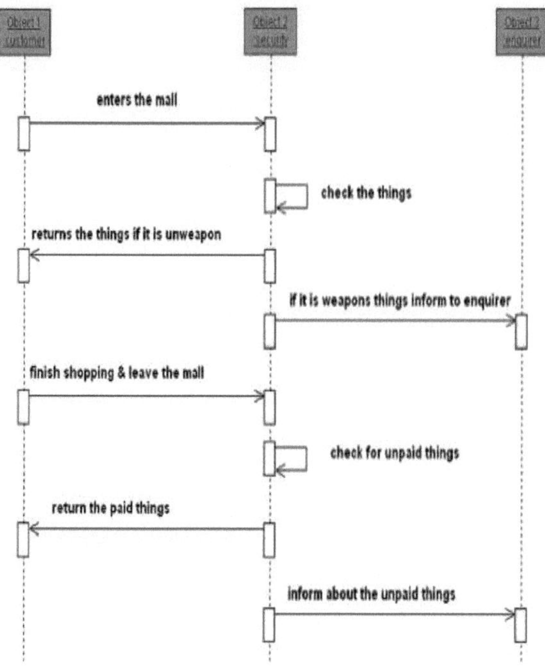

O diagrama de sequência acima mostra a sequência de actividades realizadas num

processo. Os objectos são o cliente, o segurança e o inquiridor. O cliente entra no centro comercial para fazer compras. À entrada do centro comercial, é inspeccionado pelo segurança. Se os seguranças encontrarem alguma arma, o cliente será encaminhado para a zona de inquérito. Caso contrário, é autorizado a fazer compras. Depois de terminar as compras, o cliente deve abandonar o centro comercial. Será verificado se os artigos que não foram pagos foram levados. Em caso afirmativo, será encaminhado para a área de consulta, caso contrário, os artigos comprados serão devolvidos.

Diagrama de actividades

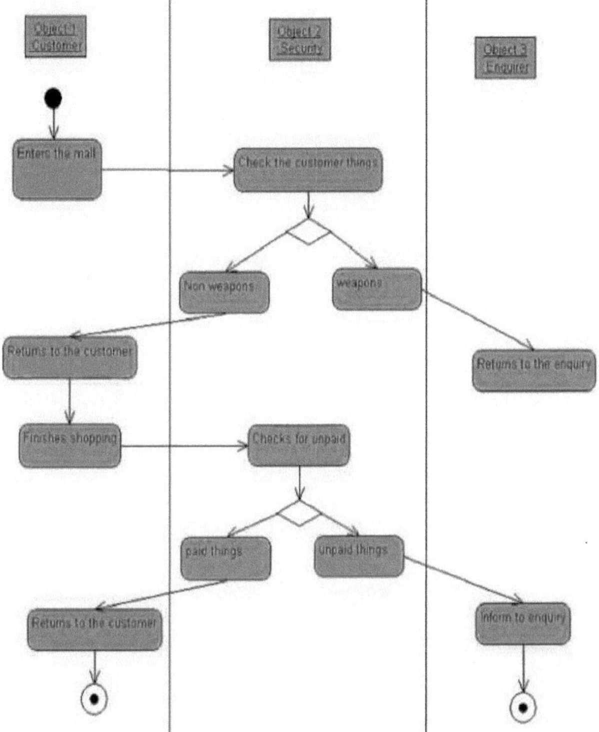

Diagrama de actividades de segurança

O diagrama de actividades para o processo de segurança do centro comercial adotado no centro comercial. No início, o cliente entra no centro comercial. Neste momento, o serviço de segurança do centro comercial verifica se o cliente é portador de uma arma ou não. Se não for uma arma, esta é devolvida ao cliente, caso contrário, o cliente é questionado. O cliente compra então os artigos necessários e sai do centro comercial.

no centro comercial. Também aqui, o pessoal de segurança verifica a existência de artigos não pagos e toma as medidas necessárias em função da atividade do cliente.

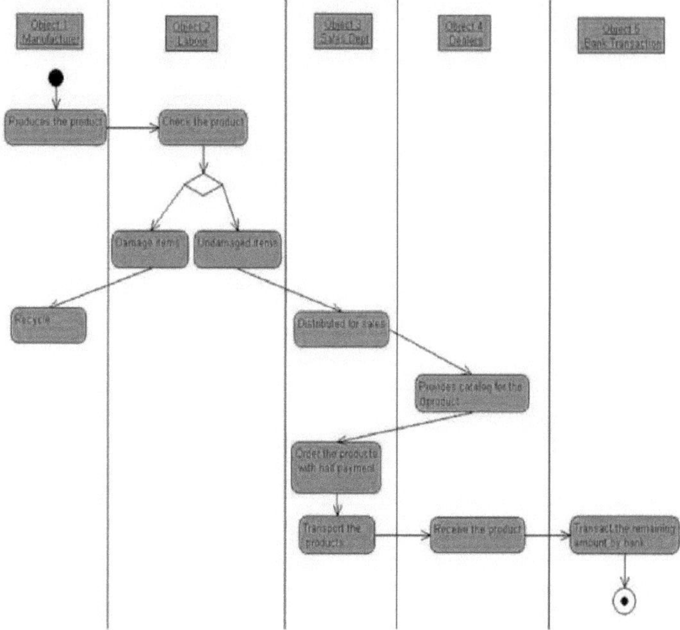

Diagrama de actividades para a entrega

O diagrama de actividades para o processo de entrega realizado num centro comercial. Consideremos os objectos como o fabricante, o trabalhador, o departamento de vendas, o retalhista e a transação bancária. Em primeiro lugar, o produto é produzido pelo fabricante, depois o produto é verificado pelos trabalhadores e, se for encontrado algum dano, é enviado para o processo de reciclagem. Caso contrário, é enviado para o departamento de vendas. O gestor de vendas informa os retalhistas e estes podem encomendar os produtos desejados. Finalmente, o dinheiro é processado através de transacções bancárias entre os comerciantes e o departamento de vendas.

Capítulo 3

A abordagem orientada para os aspectos dos smartphones com a ajuda de uma abordagem de modelação de objectos

Nos últimos anos, tem-se observado um aumento acentuado da utilização de telemóveis inteligentes. Anteriormente, os telemóveis eram utilizados para fazer chamadas para outras pessoas, mas hoje em dia os smartphones são utilizados em todas as áreas, por exemplo, para descarregar toques, obter actualizações e outros serviços, como mensagens de texto, SMS, correio eletrónico e acesso à Internet.

Comunicação sem fios a curta distância (infravermelhos, Bluetooth). Esta tese tem por objetivo modelar uma conceção de funções de smartphone e as suas operações sobre elas... A metodologia de modelização proposta baseia-se no princípio da orientação por objectos, que permite descrever explicitamente tanto o software como as funcionalidades.

Além disso, ilustra como a conhecida linguagem de especificação orientada para objectos Unified Modeling Language pode ser utilizada para fornecer uma formalização adequada da sua semântica para descrever aspectos estruturais e comportamentais do sistema de gestão da base de dados do smartphone relacionados com as partes lógicas e físicas. É necessário implementar o software com base no modelo orientado para os objectos desenvolvido. Os erros no processo de modelação podem contribuir significativamente para os custos e o tempo de desenvolvimento. A eficiência operacional também pode ser afetada. Por conseguinte, deve ser dada especial atenção à correção dos modelos utilizados em todos os níveis de planeamento, pelo que a Linguagem de Modelação Unificada (UML) desempenha um papel impecável.

Diagrama de classes

A versão avançada do telemóvel é o smartphone, que oferece melhor conetividade e capacidade de processamento do que os telemóveis existentes. O telefone inteligente é um dispositivo que possui caraterísticas que estão disponíveis num PC, mas num formato portátil. Eis as principais caraterísticas de todos os telemóveis inteligentes,

- Wi-Fi

Nenhum smartphone está completo sem uma ligação à Internet, da qual todas as aplicações dependem. As ligações Wi-Fi são fáceis de encontrar em cafés, salas de espera de hotéis, universidades ou escritórios. Ligue-se em segundos.

- Bateria

Quase todos os telemóveis inteligentes têm algumas funções básicas, como leitor de MP3, navegador Web e aplicações sociais, que são alimentadas de forma uniforme. E pode dizer-se que é a peça central de um telemóvel inteligente.

- RAM

Para suportar a multitarefa, o dispositivo deve definitivamente ter pelo menos 512 MB de RAM para que funcione sem interrupções. E o smartphone está bem equipado com esta memória.

- Registo

Existem milhares de aplicações disponíveis gratuitamente na Internet e os utilizadores são livres de utilizar qualquer aplicação que se adeqúe às suas necessidades.

- Tecnologia 3G

A terceira geração de telecomunicações móveis, que suporta chamadas de vídeo e velocidade de Internet de banda larga, torna o smartphone ainda mais apelativo.

- GPS

GPS, que o ajuda a encontrar direcções com maior precisão utilizando a longitude e a latitude no mapa.

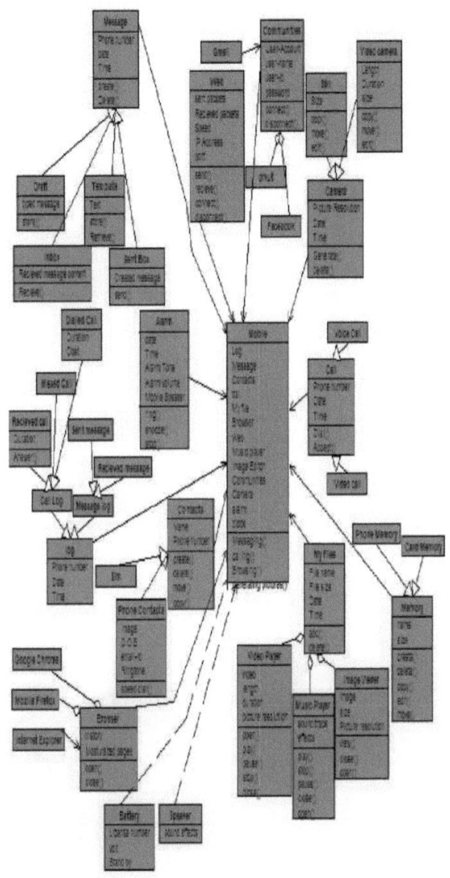

Fig. Diagrama de classes para o telemóvel inteligente proposto

O smartphone tem a classe base Mobile, que tem as propriedades e funções básicas que são herdadas e utilizadas por outras classes. O diagrama de classes mostra o nível de herança das classes e a relação entre as classes individuais. Aqui, algumas classes herdam da classe base e outras da classe filha. As classes mais importantes são as seguintes: Contactos, Registo, Mensagem, Chamada e muitas outras. Vamos falar de algumas das classes mais importantes

Contactos: As propriedades mais importantes são o nome e o número de telefone e as funções são criar(), apagar(), atualizar() e mover(). A classe é depois herdada pelos contactos sim e pelos contactos telefónicos.

Mensagem: As propriedades básicas para o número de telefone, texto, data e hora, que têm a mesma funcionalidade que o telemóvel. A mensagem utiliza algumas outras classes, como o modelo, o que facilita a criação da mensagem.

Câmara: Uma das classes multimédia mais importantes, que é utilizada e herdada pelas câmaras de vídeo e pelas câmaras fotográficas. Esta classe fornece a funcionalidade básica para o objeto câmara utilizar e tem as propriedades básicas, como a resolução, a data e a hora.

Alarme: Uma das funções mais conhecidas que funciona sempre em segundo plano e é acionada quando a hora coincide com a hora do sistema.

Registo: O principal objetivo do registo é registar todas as operações e erros que podem ser utilizados para a resolução de problemas e o desenvolvimento posterior. No entanto, neste caso, o que está em causa é o registo de mensagens e chamadas, que contém o historial completo da mensagem e da chamada.

Memória: Esta classe tem a importante propriedade de tamanho, que determina tudo o que o sistema inteiro pode conter, que é depois utilizado para a memória do telefone e do sistema.

Diagrama de casos de utilização

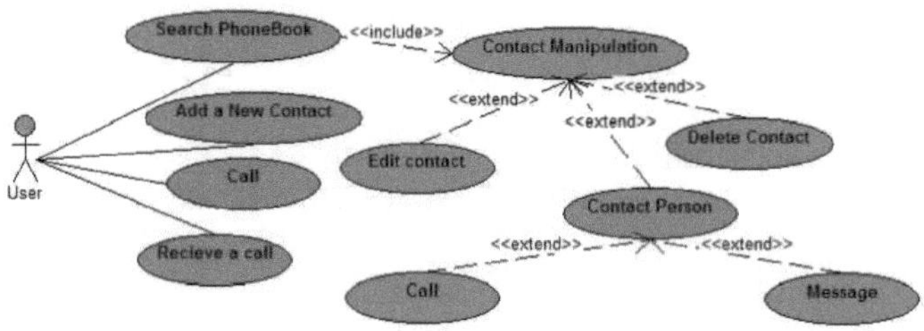

Fig. Diagrama de casos de utilização para contactos

O diagrama de casos de utilização acima fornece uma visão geral dos contactos no sistema do smartphone. Quando o utilizador faz uma chamada, procura o contacto para fazer uma chamada ou editar os seus valores. O utilizador pode procurar o contacto pelo número de telefone ou pelo nome do contacto. O utilizador também pode introduzir o número diretamente utilizando o teclado para fazer uma chamada ou adicionar o número à sua lista de contactos. O utilizador pode ver os detalhes do contacto numa chamada recebida, procurando o contacto no seu diretório de contactos. O utilizador executa tarefas mais específicas, editando ou eliminando o contacto no seu diretório de dados. Além disso, pode contactar uma pessoa através de uma chamada ou de uma mensagem. No diagrama de casos de utilização acima, a edição de contactos, a eliminação de contactos e o contacto com pessoas são formas diferentes de o utilizador utilizar as informações de contacto.

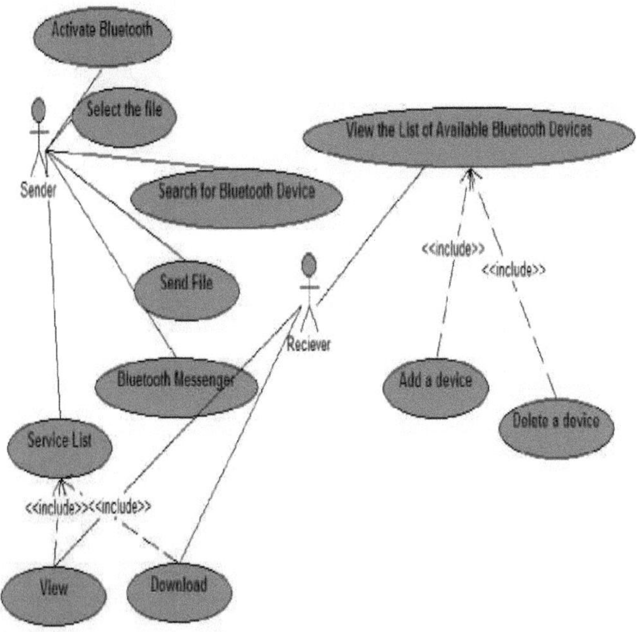

Figura . Diagrama de casos de utilização para estabelecer uma ligação Bluetooth

Inicialmente, a interação do utilizador começa com a ativação da ligação Bluetooth ou com a seleção do ficheiro a transferir para outro dispositivo com Bluetooth. O utilizador também pode utilizar o Bluetooth para fazer chamadas de voz, ligando um auricular sem fios. O Bluetooth fornece dois tipos de serviços no gestor de ficheiros, nomeadamente a visualização da lista de ficheiros noutro sistema ou

Enviar e receber ficheiros de/para outro dispositivo. O utilizador pode visualizar a lista de dispositivos com Bluetooth disponíveis, a partir dos quais um determinado dispositivo pode ser ativado para enviar ou receber ficheiros. Aqui, o utilizador também pode apagar o dispositivo da lista de dispositivos disponíveis apresentada em .

Diagrama de interação

Fig. Diagrama de sequência para chamadas e envio de mensagens

P

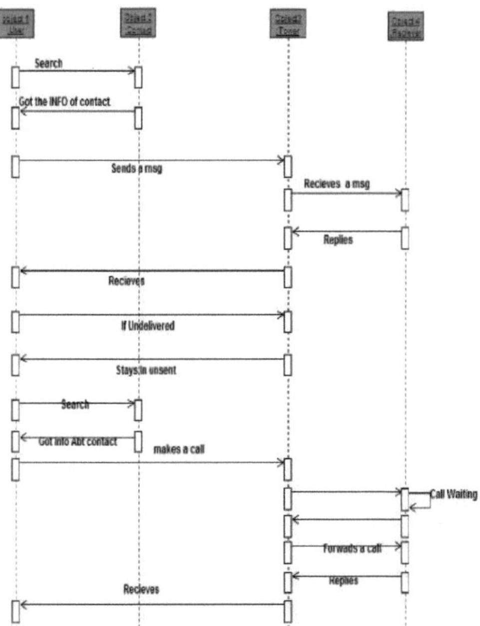

aos contactos. Neste caso, o processo da torre inclui várias sequências, mas no diagrama de sequência acima é apresentado como um único objeto. No entanto, assume-se que o outro utilizador está disponível no mesmo raio de alcance da torre. Em seguida, a mensagem é encaminhada para a caixa de entrada do outro utilizador inteligente, onde contém as informações necessárias sobre os dados do remetente. Se o utilizador desejar responder a esta mensagem, pode fazê-lo da mesma forma que o remetente, repetindo o mesmo processo. Se o telemóvel inteligente do destinatário não for encontrado, os operadores de rede emitirão uma mensagem de erro para o dispositivo do utilizador, onde a mensagem será guardada na caixa de saída ou como mensagem não enviada (isto depende do mecanismo do dispositivo). O utilizador também pode telefonar a outra pessoa através do contacto, procurando o contacto no dicionário e recuperando a informação dos contactos. A chamada é então transferida do smartphone do utilizador para a torre e depois para outro dispositivo quando o outro utilizador aceita a chamada. O utilizador pode continuar a chamada, ou a chamada pode ser terminada ou esperar até que a chamada anterior seja concluída.

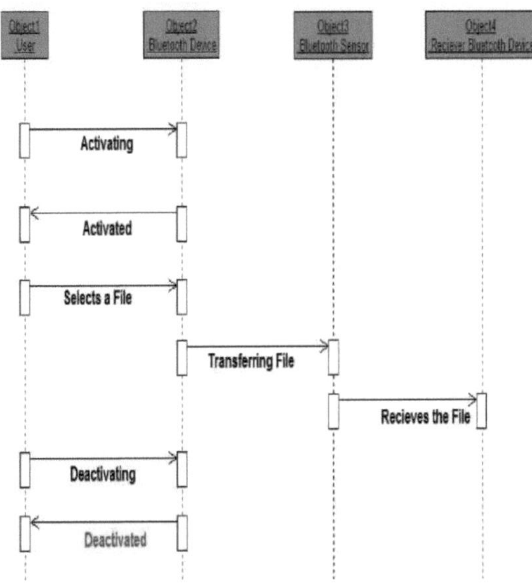

Fig. Diagrama de sequência para comunicação Bluetooth

Para estabelecer uma comunicação Bluetooth, o utilizador deve ativar o dispositivo Bluetooth. O comando de ativação é, portanto, transmitido ao dispositivo para iniciar o processo de comunicação. Uma vez ativado o dispositivo, o comando é transferido para o utilizador para que este possa enviar um ficheiro, que é depois transmitido ao sensor Bluetooth, a partir do qual o ficheiro é transmitido ao sensor de outro dispositivo e ao dispositivo do outro utilizador. Após o envio do ficheiro, o dispositivo Bluetooth é novamente desativado.

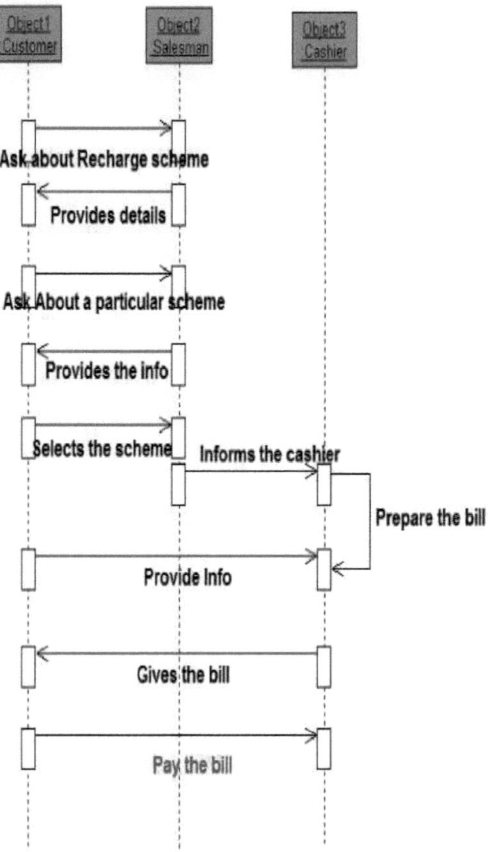

Fig. Diagrama de sequência para o carregamento

O diagrama acima mostra como se efectua a recarga para que o Smart possa utilizar o serviço para chamadas ou mensagens. O processo é o descrito acima: O utilizador solicita ao vendedor os modelos de carregamento que lhe convêm. O vendedor fornece então os dados que o utilizador pode utilizar para a recarga, selecionando um modelo da lista. A recarga é então efectuada através da entrega do dinheiro para obter o cupão de recarga e efetuar a recarga.

Diagrama de actividades

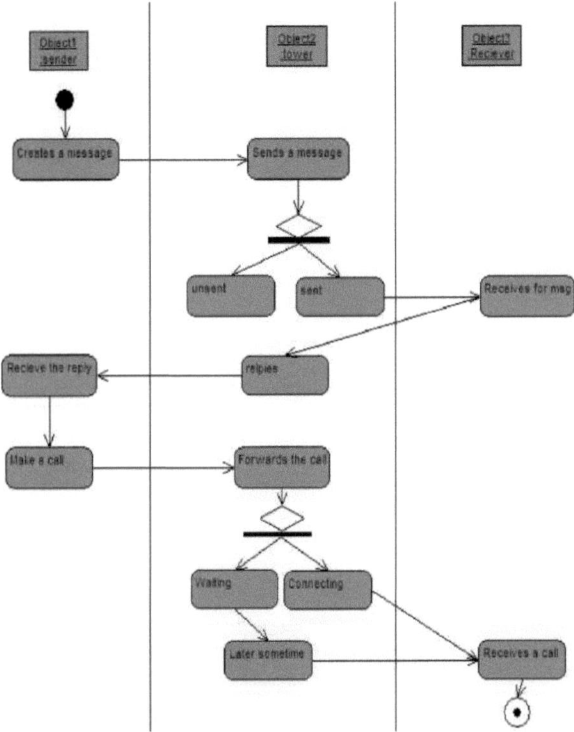

Fig. Diagrama de atividade para chamada e espera

Acima, pode ver o diagrama de actividades para o contacto em que o utilizador cria a mensagem para a enviar para a torre. A torre procura então o outro dispositivo. Se o outro dispositivo for encontrado, a mensagem é enviada para o destinatário. Se não for o caso, a torre aguarda algum tempo até que a mensagem expire, sendo o tempo de expiração especificado na própria mensagem pelo remetente inteligente. Se a mensagem não puder ser entregue, é enviada uma mensagem de erro para o smartphone do remetente. Se a mensagem tiver sido entregue, o destinatário pode ver a mensagem com as informações de contacto do remetente

Informações de contacto do remetente anexadas à mensagem. O utilizador pode então responder à mensagem como remetente, o que desencadeia o mesmo processo que o remetente.

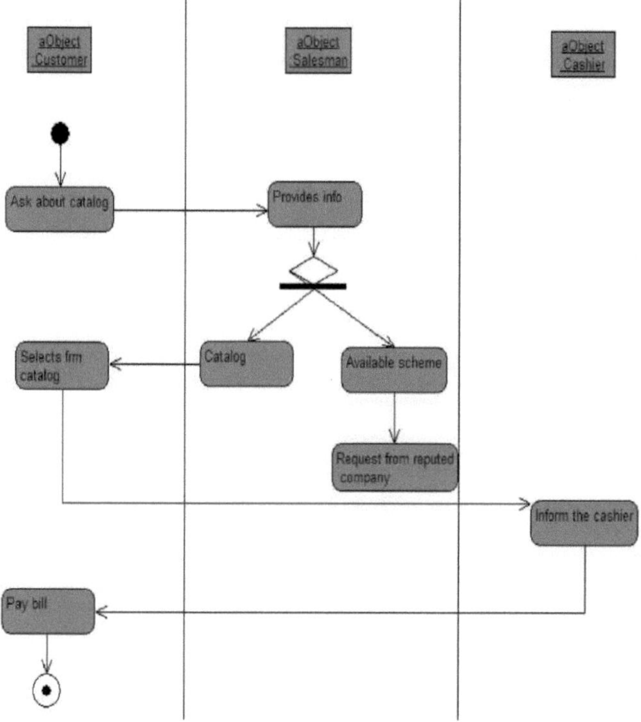

Fig. Diagrama de actividades para o carregamento

O diagrama de atividade acima mostra como a atividade de carregamento é executada pelo utilizador. O utilizador pede o catálogo ao vendedor. O vendedor fornece ao utilizador o catálogo de recargas, a partir do qual o utilizador pode selecionar o programa que melhor se adapta às suas necessidades. O vendedor pode obter o programa quer através do portal fornecido, quer a partir da brochura. O cliente seleciona então o programa e informa o vendedor para efetuar o carregamento. O vendedor, por sua vez, informa o caixa, que recolhe o dinheiro do cliente e emite a fatura. O cliente fica assim satisfeito com o carregamento inteligente

Capítulo 4
**Abordagem de modelação baseada em caraterísticas para a
gestão de
redes
sociais
utilizando a tecnologia de modelação de objectos**

Atualmente, os sistemas de redes sociais são de grande interesse para o sector das TI em rápido crescimento. A tese propõe um conjunto de diagramas baseados no princípio da orientação para objectos que descrevem as funcionalidades de hardware e software. Os diagramas representam os aspectos funcionais, comportamentais e estruturais do sistema eletrónico incorporado. A metodologia de modelização proposta baseia-se no princípio da orientação para objectos, que permite descrever explicitamente tanto o software como as funcionalidades. Além disso, ilustra-se como a conhecida linguagem de especificação orientada para os objectos Unified Modeling Language, com uma formalização adequada da sua semântica, pode ser utilizada para descrever aspectos estruturais e comportamentais de um sistema de gestão de bases de dados de redes sociais que se referem a partes lógicas e físicas. É necessário implementar o software com base no modelo orientado para os objectos desenvolvido. Os erros no processo de modelação podem contribuir significativamente para os custos e o tempo de desenvolvimento. A eficiência operacional também pode ser afetada. Neste caso, é dada especial atenção à fase de planeamento, que também se estende à fase de implementação do trabalho.

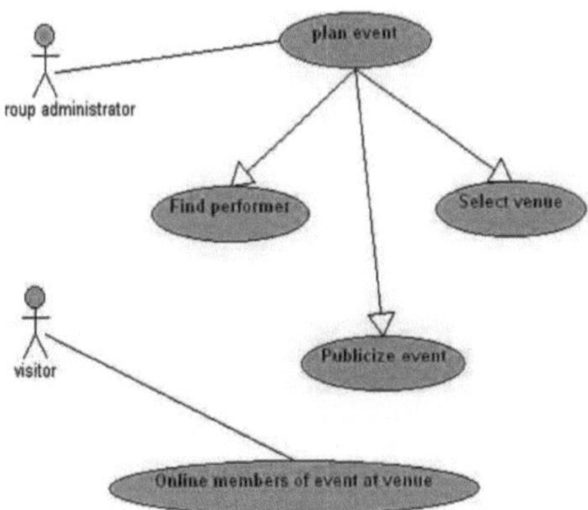

Fig. Diagrama de casos de utilização para identificação de eventos

Os dois actores são o administrador do grupo e o visitante. O visitante regista-se em linha para se tornar membro e participar no evento no local especificado, fornecendo as informações solicitadas. O administrador do grupo organiza o evento. As tarefas incluem a procura de pessoas para participar no evento, a publicidade do evento para atrair visitantes e a seleção de um local adequado para a realização do evento.

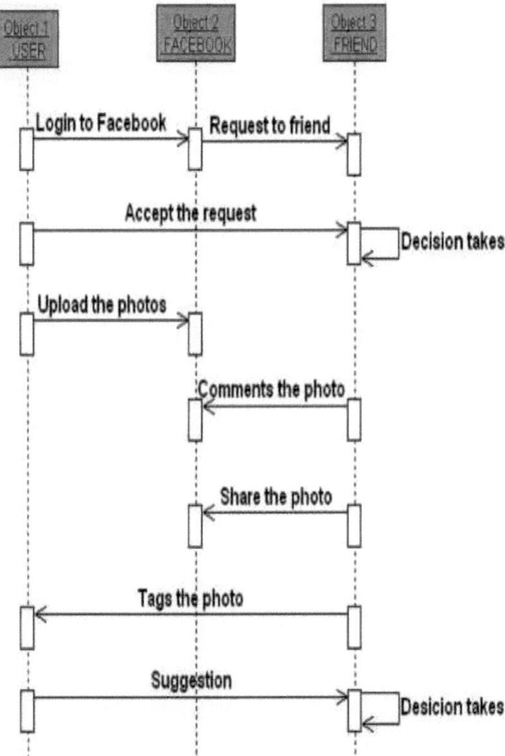

Fig. Diagrama de sequência para a partilha de fotografias no Facebook

Este diagrama de sequência mostra a interação de um utilizador com o seu amigo através do Facebook. O utilizador inicia sessão no Facebook. Envia um pedido de amizade ao seu amigo através do Facebook. O amigo aceita o pedido de amizade e é atualizado pelo Facebook na conta do utilizador.

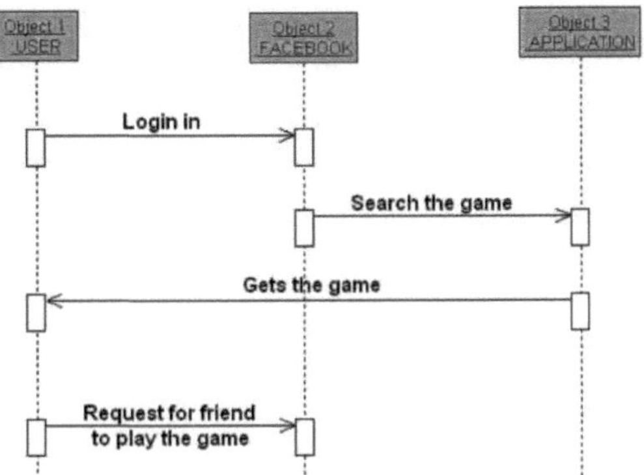

Fig.: Diagrama de sequência para o lançamento de jogos no Facebook

O utilizador inicia sessão no Facebook. Procura jogos através do Facebook. A aplicação devolve o jogo ao utilizador. Agora, o utilizador pode partilhá-lo com os amigos através do Facebook.

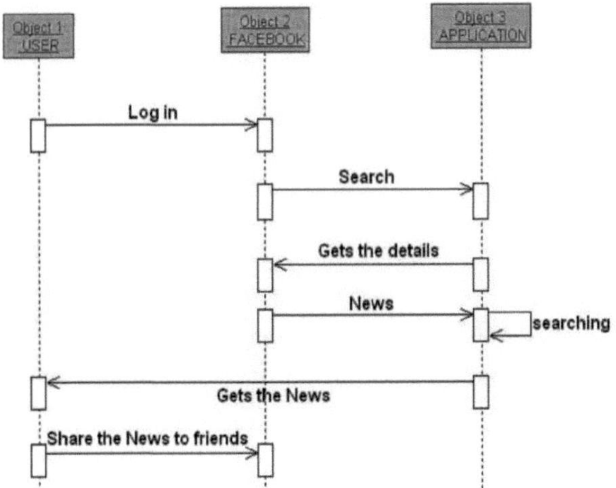

Fig.: Diagrama de sequência para novos anúncios no Facebook

O utilizador inicia sessão no Facebook e procura alguns pormenores. A aplicação devolve os dados ao Facebook. O Facebook procura então mensagens na aplicação. A aplicação recupera as mensagens e reencaminha-as para o utilizador. O utilizador lê-as e partilha-as com os seus amigos através do Facebook.

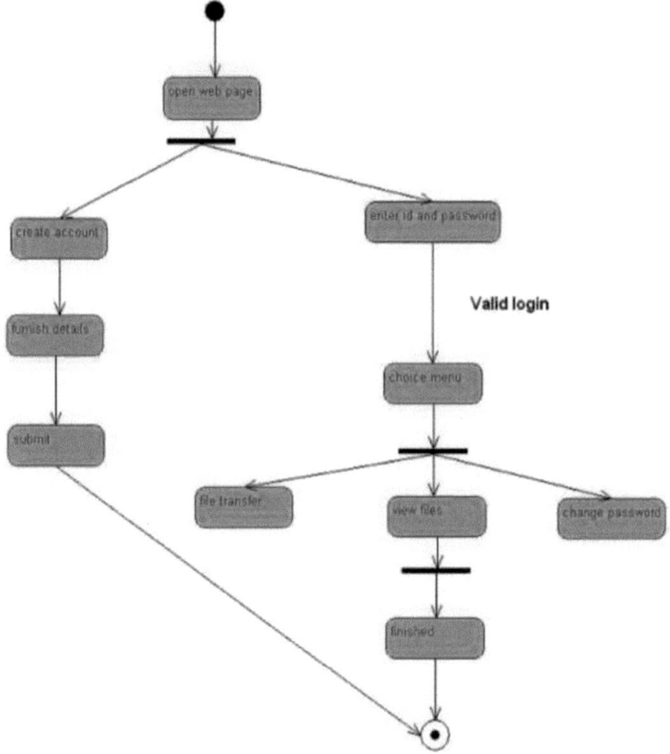

Fig.: Diagrama de actividades para redes sociais

O utilizador abre o sítio Web (rede social). Se for novo no sítio Web, cria uma nova conta onde lhe é pedido que introduza alguns dos seus dados pessoais, tais como nome próprio, apelido, data de nascimento, habilitações literárias, profissão, localização e outros interesses. O utilizador preenche o formulário e torna-se membro da rede assim que submete as informações. Se já for membro, inicia sessão na rede introduzindo o seu ID e a sua palavra-passe. O acesso à rede é-lhe concedido se for um utilizador autorizado. O utilizador pode agora escolher livremente entre as opções do menu. Pode transferir ficheiros, alterar a sua palavra-passe ou visualizar os ficheiros partilhados com a sua conta. Assim que tiver terminado as opções, pode sair do sítio Web.

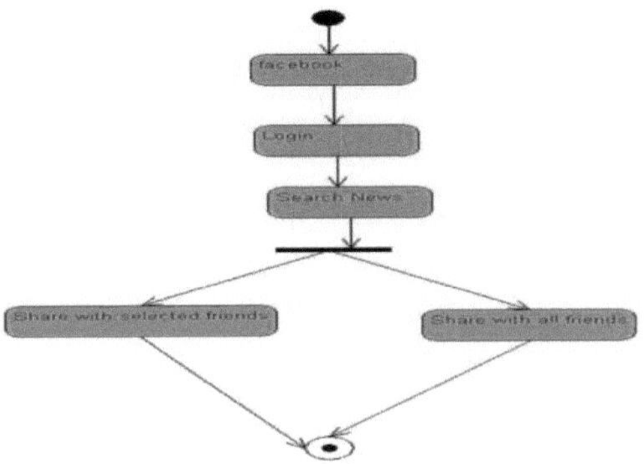

Diagrama de actividades para partilhar mensagens através do Facebook O utilizador abre o Facebook. Inicia sessão no Facebook introduzindo o seu ID e a sua palavra-passe. Procura mensagens e seleciona as mensagens que procura. Pode partilhá-las com amigos selecionados (por exemplo, mensagens sobre a sua instituição, etc.) ou partilhar as mensagens com todos os amigos.

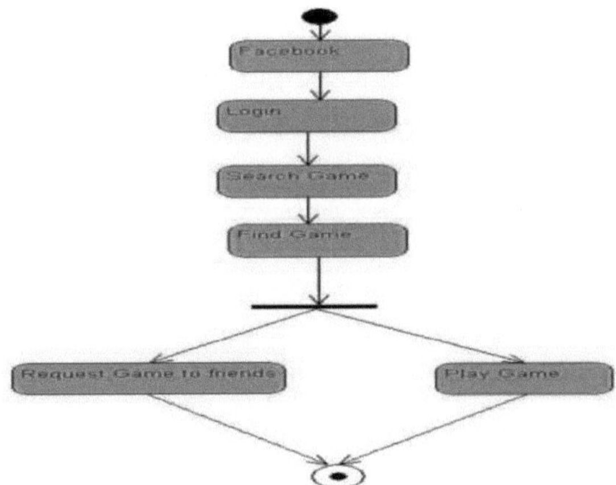

Diagrama de atividade para partilhar jogos através do Facebook

O utilizador abre a página do Facebook. O utilizador inicia sessão no Facebook introduzindo o seu ID e a sua palavra-passe. O utilizador procura um jogo e encontra o jogo que procura. Pode então reencaminhar o jogo para os amigos ou jogar o jogo primeiro.

Capítulo 5

**Modelação da relação entre entidades de um centro de gestão hoteleira
utilizando a estratégia de divulgação da propriedade**

Hoje em dia, a gestão hoteleira refere-se ao sector profissional da hospitalidade proporcionado pelos anfitriões em todos os continentes. Inclui a administração, a contabilidade, o marketing e a gestão de quartos, a gestão de bebidas, a restauração e a manutenção do hotel. Muitos programas de fidelização hoteleira podem ser utilizados para incentivar os hóspedes a tornarem-se clientes habituais do hotel. Estes programas são particularmente vantajosos para as cadeias hoteleiras, uma vez que os benefícios do programa se podem estender a toda a sua cadeia hoteleira. A metodologia de modelização proposta baseia-se no princípio da identificação de objectos e da descoberta de aspectos, o que permite uma descrição explícita das funcionalidades do software. Além disso, ilustra como a conhecida linguagem de especificação orientada para objectos Unified Modeling Language pode ser utilizada para fornecer uma formalização adequada da sua semântica para descrever aspectos estruturais e comportamentais de sistemas de gestão de bases de dados de hotéis em termos de partes racionais e físicas. Está provado que os erros no processo de modelização podem contribuir significativamente para os custos e o tempo de desenvolvimento e podem também afetar a eficiência operacional. Por conseguinte, a tónica é colocada no desenvolvimento de modelos que proporcionem uma visão e uma compreensão claras do

Aspectos de implementação dos mesmos e conhecimento da integração de novas tecnologias.

Diagrama de classes

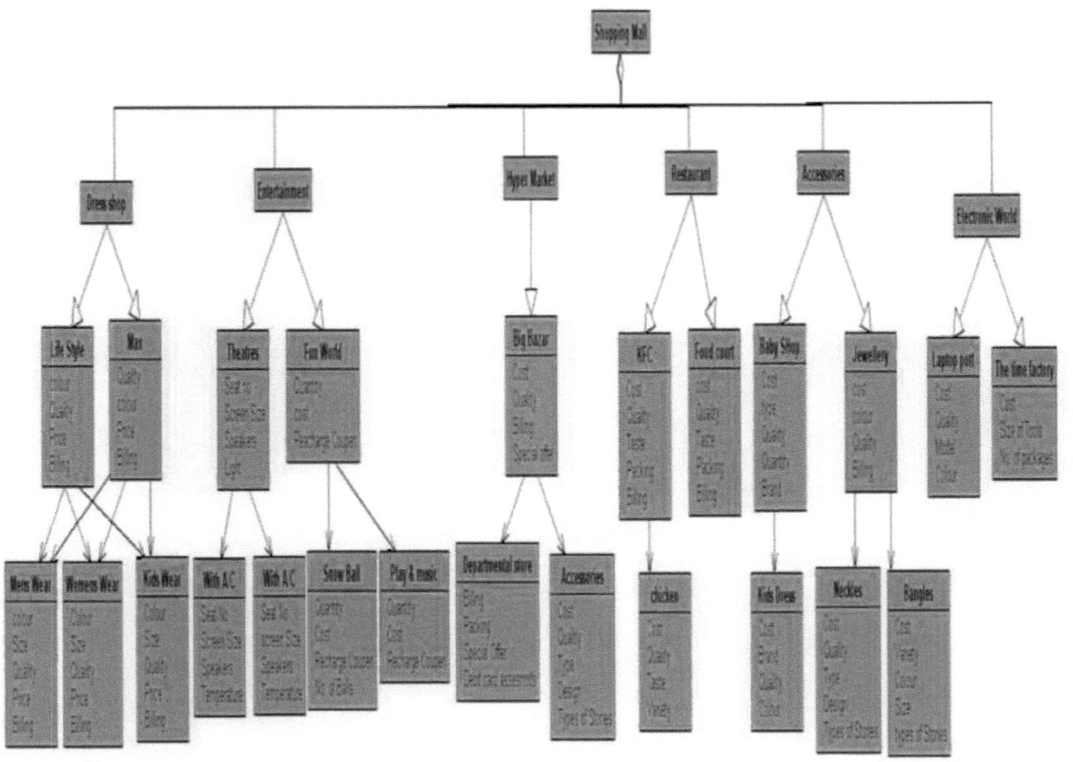

Shopping Mall
Dress shop
Entertainment
Hyper Market
Restaurant
Accessories
Electronic World
Life Style
Colour
Quality
Price
Billing
Max
Quality
colour
Price
Billing
Theatres
Seat no
Screen Size
Speakers
Light
Fun World
Quantity
cost
Recharge Coupon
Big Bazar
Cost
Quality
Billing
Special offer
KFC
Cost
Quality
Taste
Packing
Billing
Food court
cost
Quality
Taste
Packing
Billing
Baby Shop
Cost
Price
Quality
Quantity
Brand
Jewellery
Cost
colour
Quality
Billing
Laptop port
Cost
Quality
Model
Colour
The time factory
Cost
Size of Time
No of packages
Mens Wear
colour
Size
Quality
Price
Billing
Womens Wear
Colour
Size
Quality
Price
Billing
Kids Wear
Colour
Size
Quality
Price
Billing
With A.C
Seat No
Screen Size
Speakers
Temperature
With A.C
Seat No
screen Size
Speakers
Temperature
Snow Ball
Quantity
Cost
Recharge Coupon
No of Rides
Play & music
Quantity
Cost
Recharge Coupon
Departmental store
Billing
Packing
Special Offer
Debit card accessments
Accessories
Cost
Quality
Type
Design
Types of Stones
chicken
Cost
Quality
Taste
Variety
Kids Dress
Cost
Brand
Quality
colour
Neckles
Cost
Quality
Type
Design
Types of Stones
Bangles
Cost
Variety
Colour
Size
types of Stones

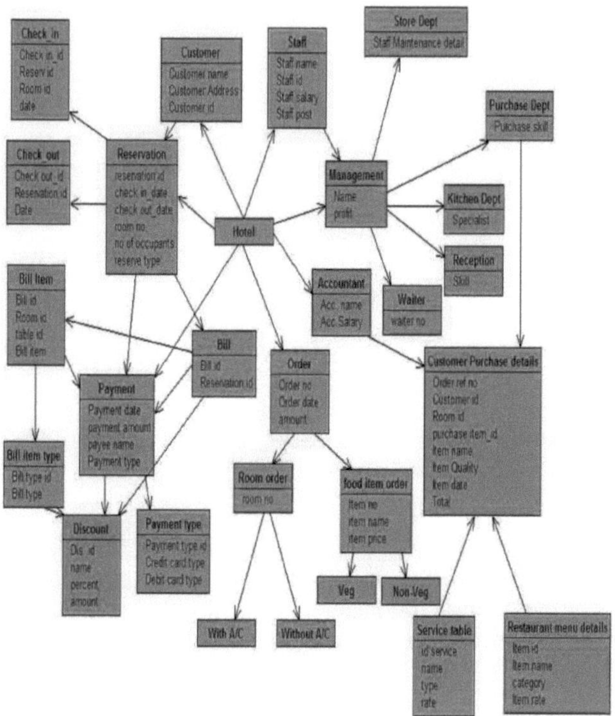

Fig. Diagrama de classes para o sistema de gestão hoteleira

Os casos de utilização são importantes porque estão disponíveis num formato de rastreio. Facilitam a compreensão dos requisitos funcionais do sistema e a identificação das várias interações entre os utilizadores e os sistemas num ambiente. O caso de utilização consiste numa série de sequências possíveis de interações entre sistemas e utilizadores num ambiente e está relacionado com um objetivo específico. Os diagramas de casos de utilização podem ser utilizados para descrever a funcionalidade de um sistema de forma horizontal. No entanto, é importante notar que os diagramas de casos de utilização são fundamentalmente diferentes dos diagramas de sequência ou fluxogramas, uma vez que não tentam representar a ordem ou o número de tempos de execução das acções e subacções do sistema.

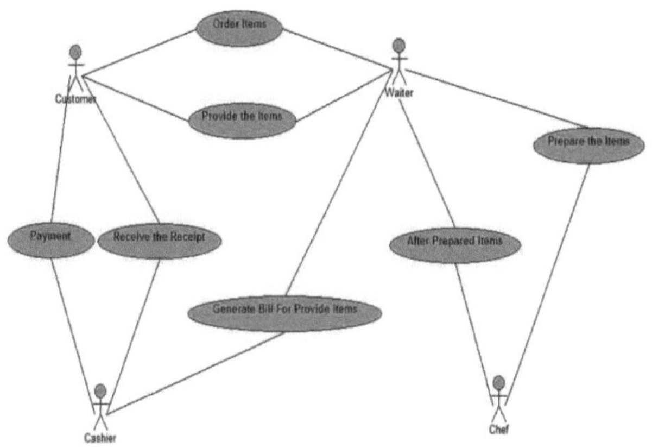

Fig. Diagrama do caso de utilização para encomendar comida

O diagrama de casos de utilização acima apresenta uma visão geral do sistema de gestão hoteleira. Quando o cliente vai ao hotel, começa por pedir uma refeição ao empregado de mesa e informa o chefe de cozinha. Depois de a comida estar pronta, é entregue ao empregado de mesa que a serve ao cliente. O cliente come a comida e, em seguida, a conta é preparada pelo caixa e enviada ao cliente. O cliente paga a conta e esta é aceite pelo caixa.

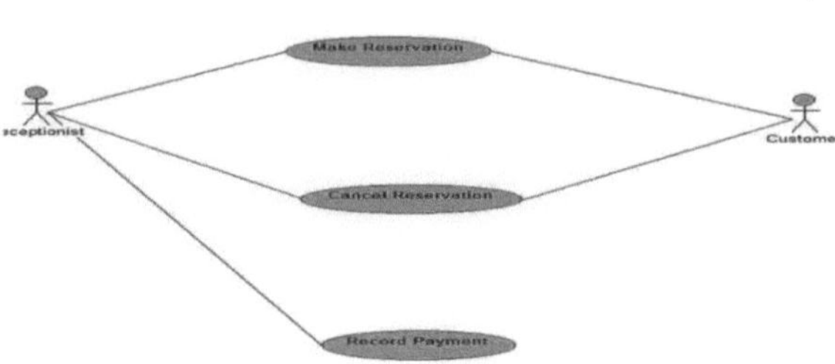

Fig. Diagrama de casos de utilização para reserva de quartos

O diagrama de casos de utilização acima descreve uma reserva de quarto. Em primeiro lugar, o cliente reserva um quarto num restaurante através da Internet, do telefone ou de outras pessoas. O rececionista verifica a disponibilidade de quartos no restaurante e informa o cliente. Em função das suas necessidades e datas, o cliente pode anular a reserva do quarto. Assim que o quarto é reservado, é efectuado o pagamento, que é registado num livro de registo e gerido pelo rececionista.

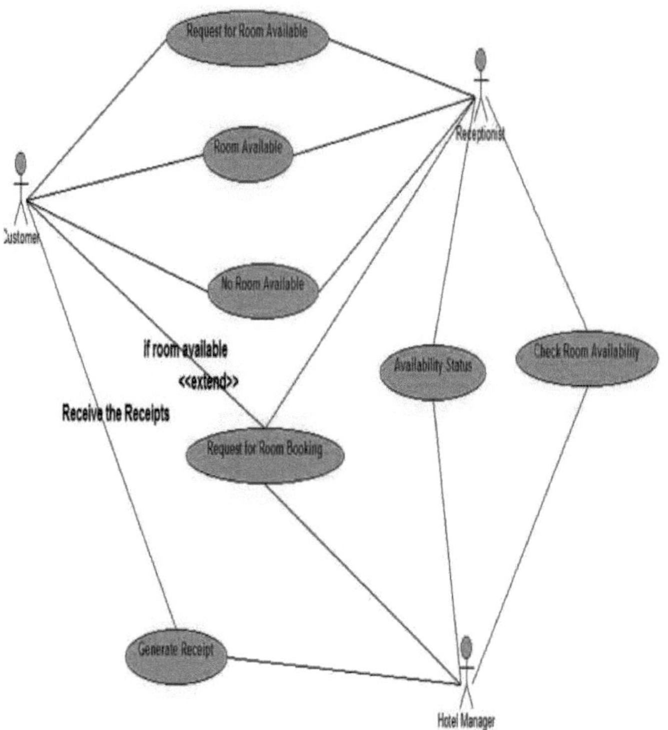

Fig. Diagrama de casos de utilização para reserva de quartos

O cliente pergunta ao rececionista sobre a disponibilidade de quartos. O rececionista verifica a disponibilidade dos quartos no restaurante. A direção do hotel envia o estado de disponibilidade ao rececionista. O rececionista confirma a disponibilidade do quarto ao cliente. O cliente pede ao rececionista para reservar o quarto. O rececionista reserva então o quarto para o cliente. A direção do hotel envia o recibo ao cliente.

Diagrama de interação

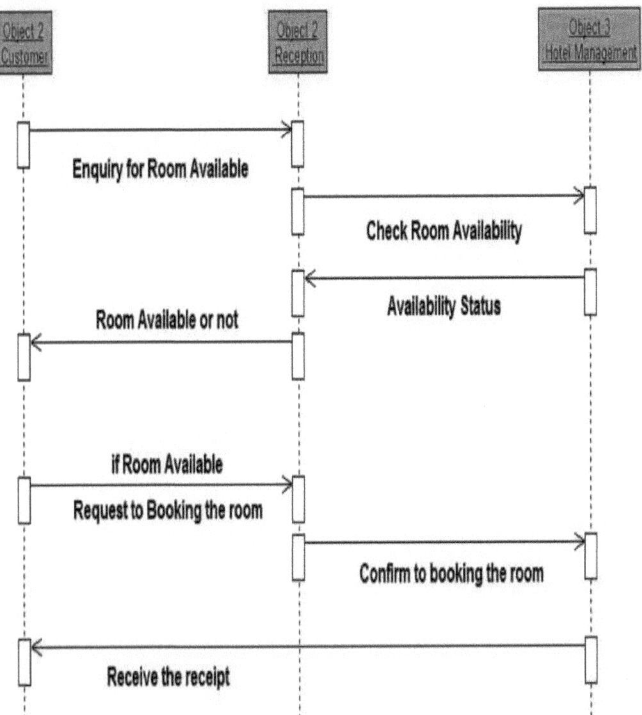

Fig. Fluxograma para reserva de quartos

O diagrama de sequência acima descreve a reserva de um quarto num restaurante. O cliente pergunta ao rececionista qual o quarto disponível. O rececionista verifica a disponibilidade dos quartos no restaurante. A direção do hotel envia o estado de disponibilidade ao rececionista. O rececionista confirma a disponibilidade do quarto ao cliente. O cliente pede ao rececionista para reservar o quarto. O rececionista reserva então o quarto para o cliente. A direção do hotel envia o recibo ao cliente.

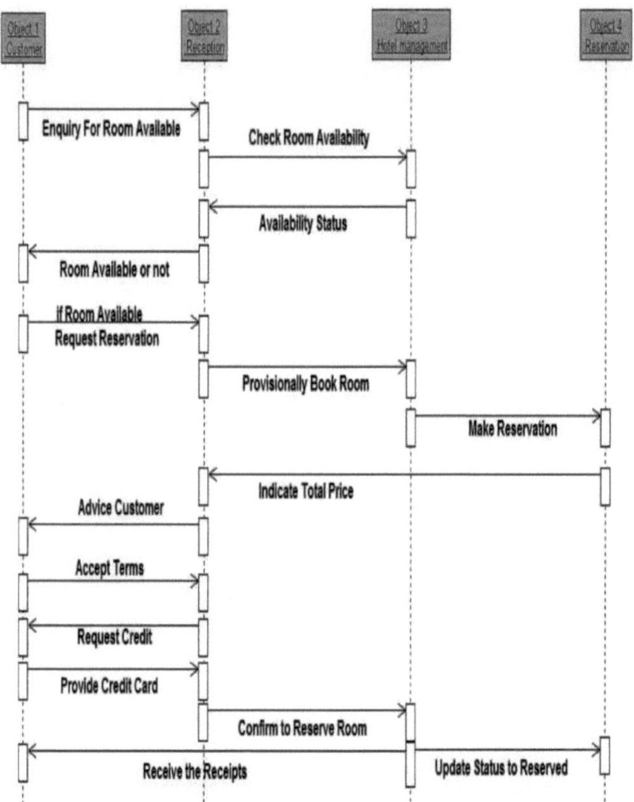

Fig. Diagrama de sequência para a reserva no hotel

O cliente pergunta sobre o quarto ao rececionista na receção. O cliente pergunta ao rececionista qual o quarto disponível. O rececionista verifica a disponibilidade dos quartos no restaurante. A direção do hotel envia o estado de disponibilidade ao rececionista. O rececionista informa o cliente da disponibilidade do quarto. O rececionista indica o preço total dos quartos o preço total da reserva do quarto e pede ao cliente que pague o montante. O cliente aceita as condições e paga o montante na receção. Finalmente, o cliente reserva o quarto e o estado da reserva é atualizado no balcão da receção. O rececionista emite um recibo ao cliente.

Fig. Diagrama de sequência para os métodos de pagamento

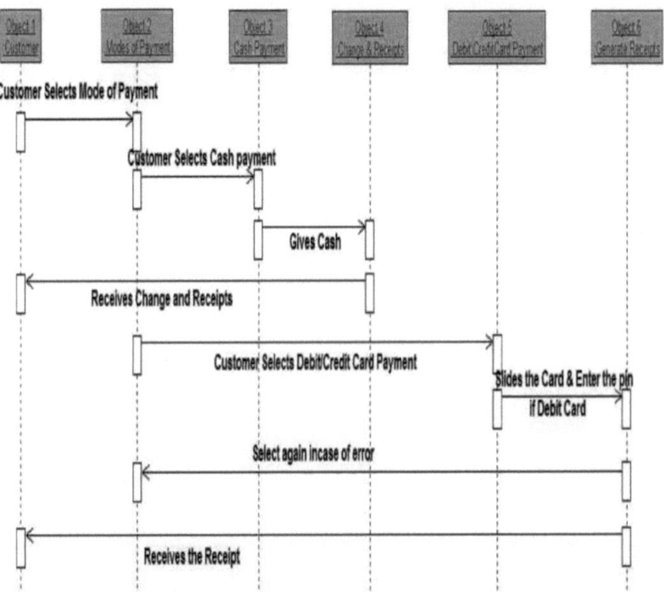

seleciona o método de pagamento. Em seguida, escolhe o pagamento em numerário, entrega o dinheiro ao caixa e recebe o recibo. Do outro lado, o cliente seleciona o cartão de débito/crédito. O caixa insere o cartão e introduz o PIN de um cartão de débito. Em caso de erro, seleciona novamente o meio de pagamento. Por fim, o cliente recebe um recibo da caixa.

Diagrama de actividades

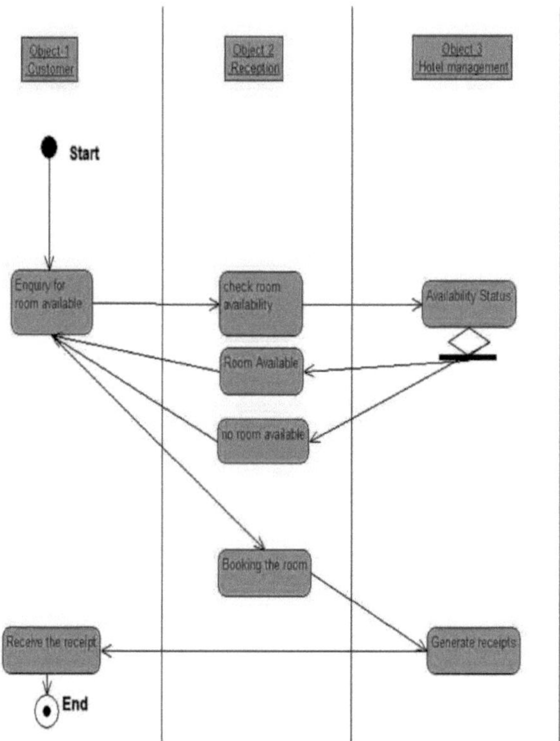

Diagrama de actividades para um cliente que reserva um quarto

A figura 8 mostra que o diagrama de actividades descreve a reserva de um quarto no restaurante. O cliente pergunta ao rececionista qual o quarto disponível. O rececionista verifica a disponibilidade de quartos no restaurante. A direção do hotel envia o estado de disponibilidade ao rececionista. O rececionista confirma a disponibilidade do quarto ao cliente. O cliente pede ao rececionista para reservar o quarto. O rececionista reserva então o quarto para o cliente. A direção do hotel envia um recibo ao cliente.

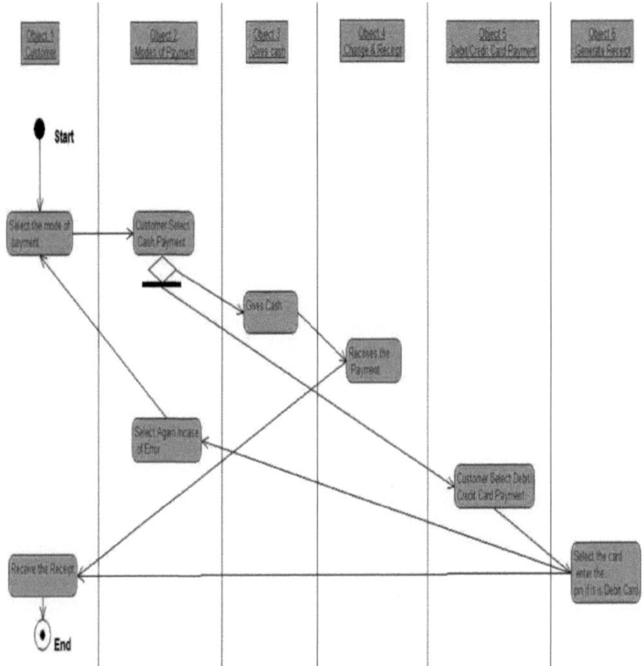

Diagrama de actividades para o método de pagamento

A figura 9 mostra que existem dois tipos de opções de pagamento. Uma é o pagamento em dinheiro e a outra é o pagamento com cartão de débito. O cliente seleciona o método de pagamento. Se escolher o pagamento em numerário, dá dinheiro ao caixa e recebe um recibo, caso contrário, o cliente escolhe o cartão de débito/crédito. O caixa insere o cartão e introduz o PIN de um cartão de débito. Em caso de erro, seleciona novamente o método de pagamento. Por fim, o cliente recebe um recibo da caixa.

A Fig. 10 mostra que o cliente pergunta ao rececionista por um quarto livre. O rececionista verifica a disponibilidade do quarto no restaurante. Se o quarto estiver disponível, a direção do hotel envia o estado de disponibilidade ao rececionista; caso contrário, envia o estado de indisponibilidade ao cliente. O rececionista indica o preço total da reserva do quarto e pede ao cliente que pague o montante. O cliente aceita as condições e paga o montante na receção. Finalmente, o cliente reserva o quarto e o estado da reserva é atualizado no balcão da receção. O rececionista emite um recibo ao cliente.

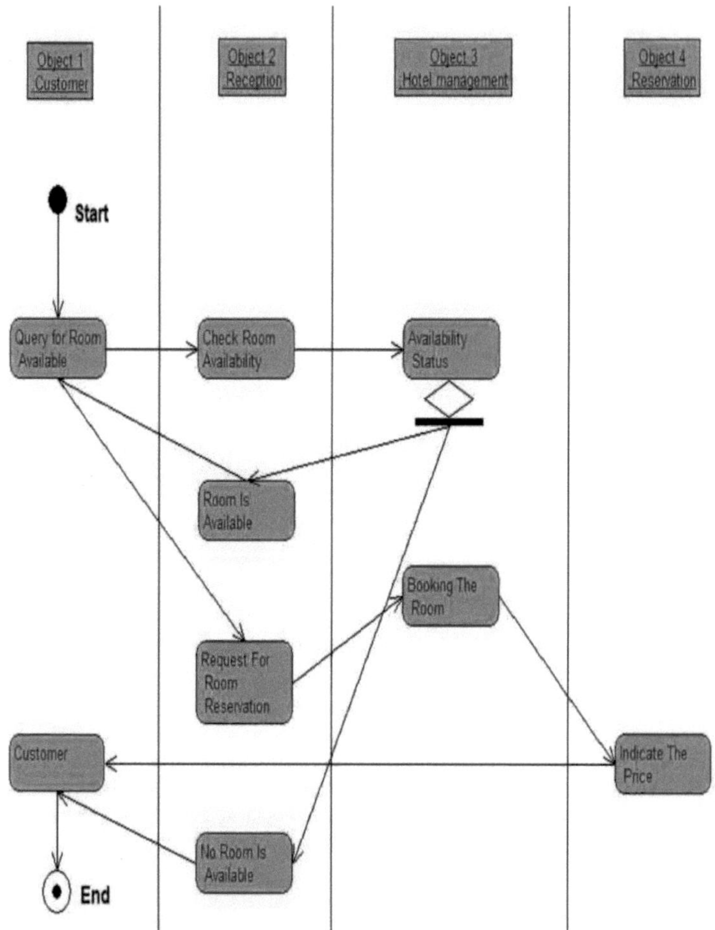

Diagrama de actividades para reserva de quartos

Capítulo 6
**Modelação da relação entre entidades de uma joalharia utilizando a
estratégia de divulgação de objectos**

Neste trabalho, vamos conceber um centro comercial simples utilizando a tecnologia
orientada para os objectos. O centro comercial proporcionará aos clientes uma
experiência de compra agradável, ao mesmo tempo que nos dará a oportunidade de
explorar padrões de design e outras caraterísticas da tecnologia orientada a objectos. Os
centros comerciais dão um maior contributo para a economia do que os mercados
tradicionais, que eram vistos como uma simples convergência da oferta e da procura. Os
centros comerciais atraem compradores e vendedores e proporcionam aos clientes tempo
suficiente para fazerem uma escolha, bem como uma oportunidade para fazerem compras
descontraídas. Neste estudo, são analisadas as actividades de três lojas diferentes e a sua
qualidade de trabalho para a população

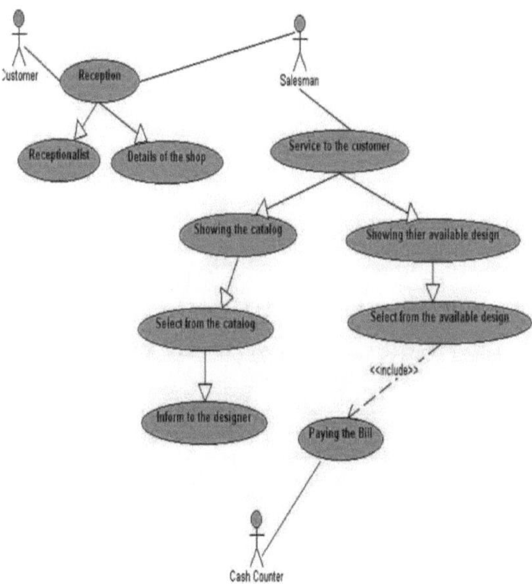

Diagrama de casos de utilização

Fig. Diagrama do caso de utilização para a joalharia

O diagrama de casos de utilização acima dá uma visão geral da joalharia. Quando um cliente se dirige a uma ourivesaria, a rececionista da loja pede-lhe os pormenores da loja e informa o vendedor. O vendedor atende o cliente e mostra-lhe o modelo disponível ou mostra-lhe o catálogo. Se o cliente escolher a partir do catálogo, o vendedor informa o desenhador sobre o desenho, caso contrário o cliente escolhe a partir do desenho disponível e deve pagar a conta na caixa.

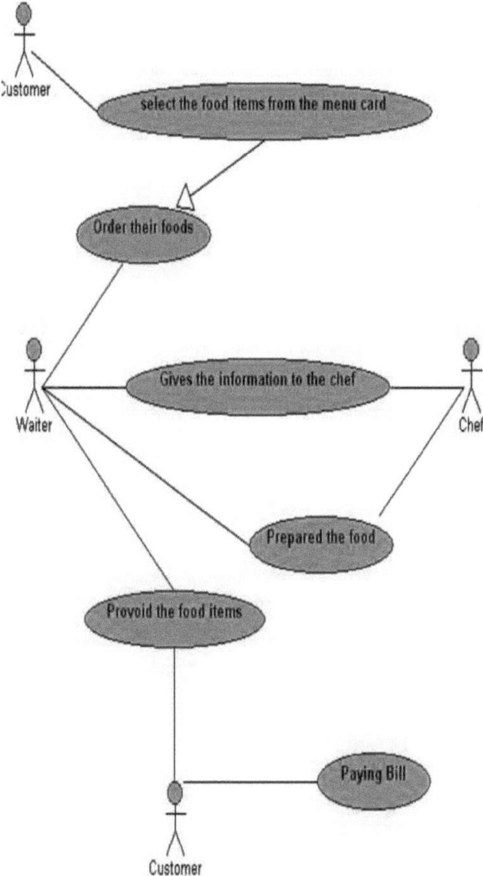

Fig. Diagrama de casos de utilização para restaurante

O diagrama de casos de utilização acima mostra o processo num restaurante.

Quando um cliente entra no restaurante, seleciona a comida do "cartão de menu" e pede-a ao empregado de mesa. O empregado de mesa informa o chefe de cozinha do restaurante. O chefe prepara a comida e entrega-a ao empregado de mesa, que a serve ao cliente. Depois de o cliente ter comido a sua refeição, paga a conta na caixa.

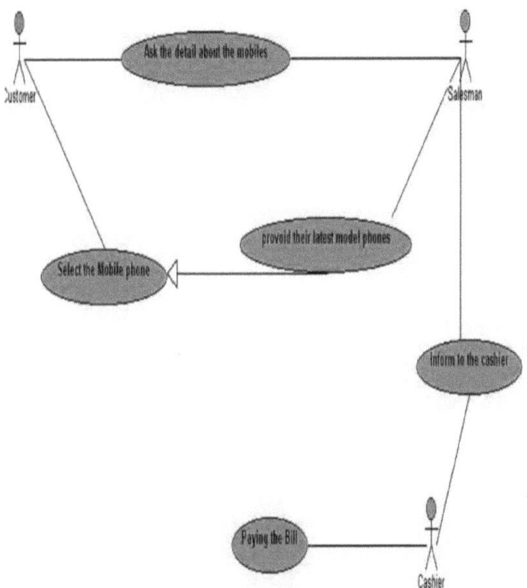

Diagrama de caso de utilização de loja móvel

O diagrama de casos de utilização acima mostra os pormenores de uma loja de telemóveis. Quando um cliente vai a uma loja de telemóveis, pergunta ao vendedor da loja quais são os modelos de telemóveis mais recentes. O vendedor informa o cliente dos pormenores para que este possa selecionar o modelo de telemóvel pretendido. O vendedor pede os dados do cliente, como o nome, a morada, o número de telefone, o BI, etc., e passa-os ao caixa. O caixa emite a fatura e entrega-a ao cliente. O cliente paga a fatura.

Diagrama de interação

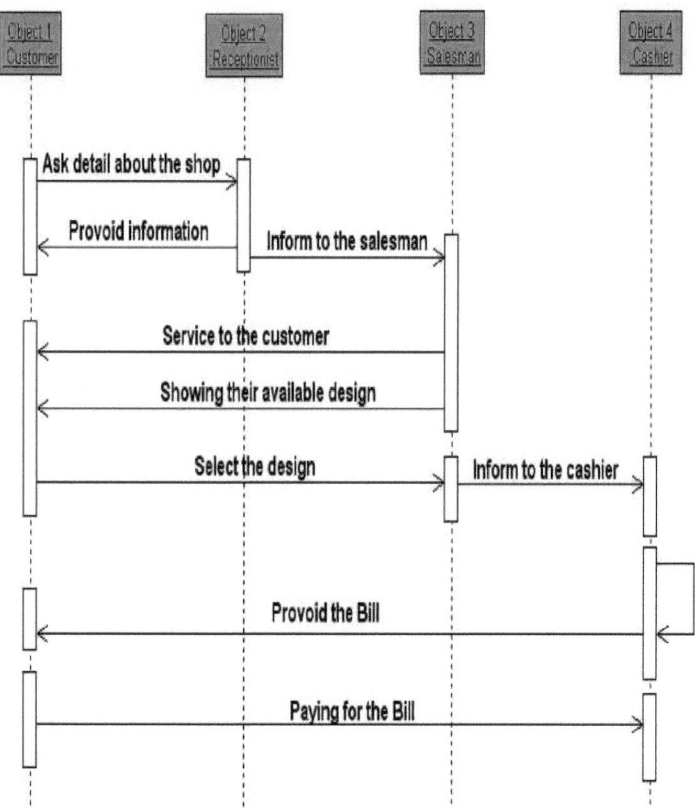

Fig. Fluxograma da oficina de joalharia

O cliente que pretende comprar uma peça de joalharia pede ao rececionista informações sobre a loja. A rececionista dá ao cliente as informações necessárias e informa o vendedor da chegada do cliente para que este o possa atender. O vendedor mostra ao cliente os modelos disponíveis na loja. Depois de o cliente ter selecionado o(s) modelo(s), o vendedor é informado. O vendedor informa a caixa sobre os pormenores e o design do(s) modelo(s) selecionado(s).

O cliente entrega o modelo à caixa. O caixa emite a fatura ao cliente e este efectua o pagamento.

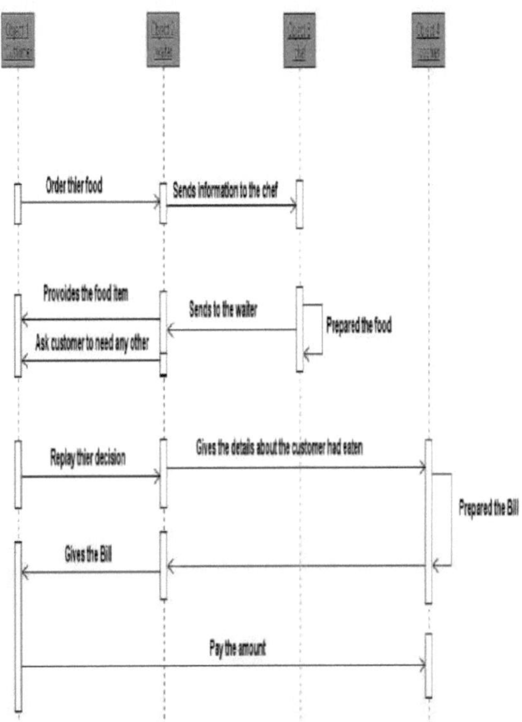

Fig. Diagrama de sequência para o restaurante

Depois de entrarem no restaurante, os clientes pedem a sua comida do menu ao empregado de mesa do restaurante. O empregado informa o chefe sobre os pratos. Depois de receber as informações do empregado de mesa, o chefe de cozinha prepara a comida de acordo com o pedido e entrega-a ao empregado de mesa. O empregado de mesa serve a comida ao cliente e pergunta-lhe se tem outros pedidos. Após

Após a resposta do cliente, o empregado de mesa informa o caixa sobre a comida. O caixa prepara a conta e entrega-a ao empregado de mesa. O empregado de mesa entrega a conta ao cliente e este paga a conta na caixa.

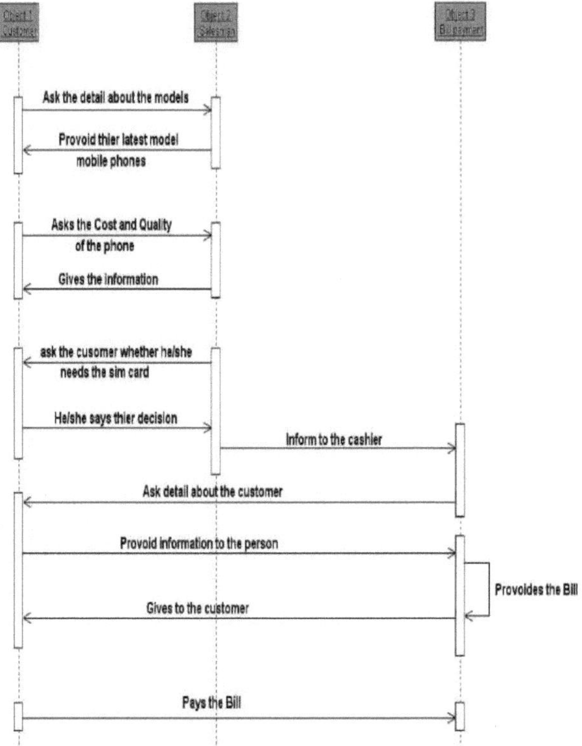

Ilustração. Fluxograma para loja móvel

O cliente entra na loja de telemóveis e pede ao vendedor informações sobre os modelos disponíveis. O vendedor apresenta ao cliente os últimos modelos de telemóveis. Depois de ter selecionado vários modelos, o cliente pergunta sobre a qualidade e o custo de cada um deles. O vendedor fornece ao cliente todas as informações necessárias. Depois de o cliente ter selecionado um modelo, o vendedor pergunta-lhe se precisa de um cartão SIM. Depois de se ter informado sobre a decisão do cliente, o vendedor informa a caixa. O caixa pede os dados do cliente, que fornece as informações necessárias ao caixa. Depois de receber as informações, o caixa prepara a fatura e entrega-a ao cliente. O cliente paga o montante da fatura.

Diagrama de actividades

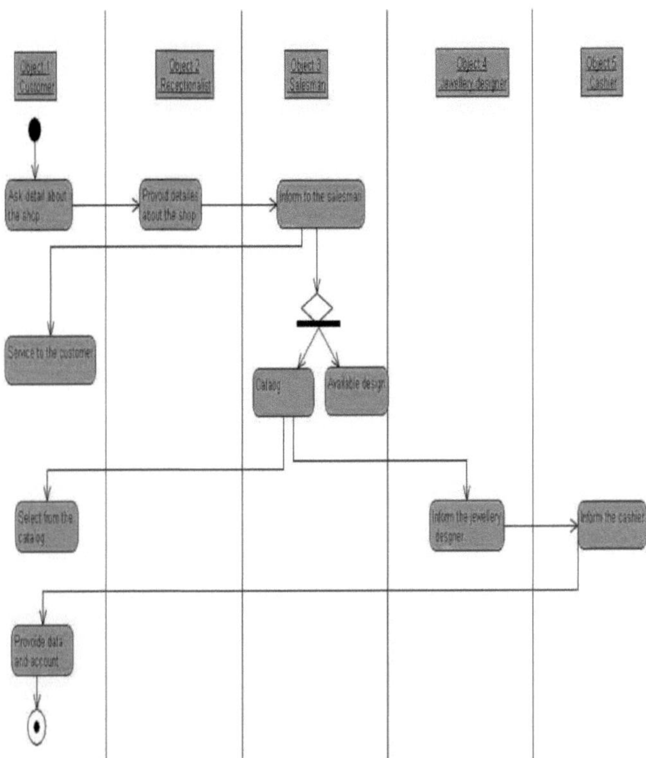

Diagrama de actividades para uma joalharia

O cliente entra na loja e pede ao vendedor informações sobre a loja. Esta fornece as informações necessárias e encaminha-o para um vendedor. O vendedor serve-os mostrando-lhes todos os modelos disponíveis na sua loja e de acordo com as necessidades do cliente através de jóias ou catálogos, para que possam ser facilmente selecionados pelos clientes. Quando o modelo é selecionado do catálogo, o designer de jóias é informado sobre os desenhos. Depois de apresentar a informação, o vendedor informa a caixa. O caixa prepara a fatura para o cliente e emite-a. O cliente paga a fatura relativa ao seu modelo específico.

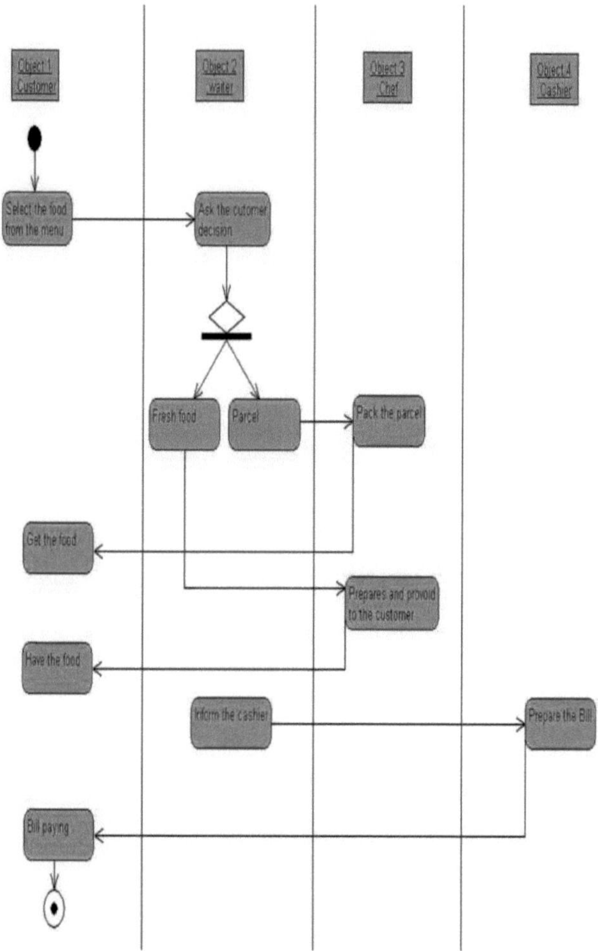

Diagrama de actividades para um restaurante

Assim que o cliente entra na loja, pode selecionar os pratos do menu de acordo com as suas necessidades e informar o empregado de mesa. O empregado de mesa transmite a informação ao chefe de cozinha do restaurante. O chefe de cozinha recebe a informação sobre o tipo de comida, prepara a comida para o cliente e transmite-a ao empregado de mesa. O empregado de mesa serve a comida aos clientes e pergunta-lhes quais são as suas necessidades alimentares adicionais. Depois de receber as suas decisões, informa a caixa sobre a comida. O caixa prepara a conta e entrega-a ao empregado de mesa. O empregado de mesa entrega-a ao cliente. O cliente paga a conta na caixa.

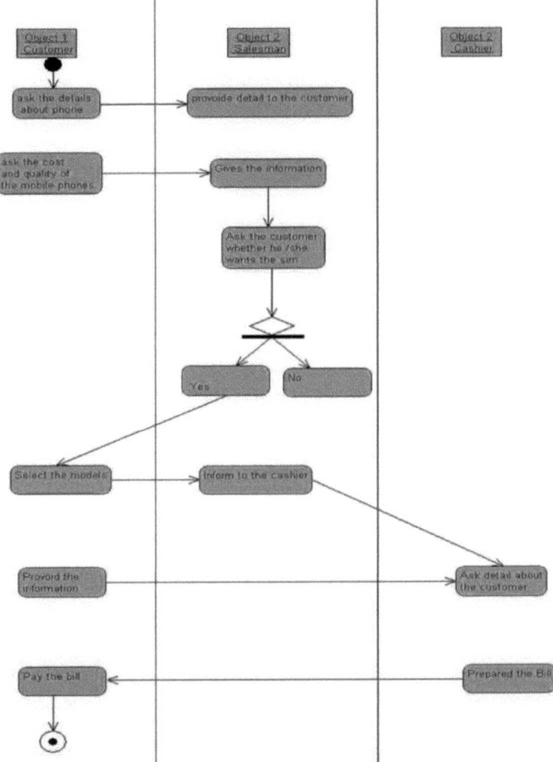

Diagrama de actividades para um telemóvel

O cliente entra na loja de telemóveis e pergunta sobre os últimos modelos de telemóveis disponíveis. O vendedor dá-lhe agora

O cliente seleciona alguns modelos de entre os apresentados e pede informações sobre os modelos pretendidos e seleciona um modelo. O cliente seleciona alguns modelos dos modelos apresentados e pede informações sobre os modelos pretendidos e seleciona um modelo. O vendedor pergunta ao cliente se precisa de um cartão SIM. Depois de ter tomado a decisão, informa a caixa. O caixa recolhe as informações sobre o cliente e prepara a fatura para o respetivo modelo de telemóvel e apresenta-a ao cliente.

Capítulo 7
Aplicação de uma estratégia orientada por objectos para a modelação de uma estrutura de gestão da educação para bases de dados seguras

Nos últimos anos, verificou-se um aumento acentuado do montante de

financiamento atribuído ao sector da educação

.

Garantir uma elevada

eficiência operacional neste sector está a revelar-se o

objetivo mais importante para a avaliação do desempenho organizacional como um

todo. Este trabalho tem como objetivo utilizar uma linguagem de modelação que

forneça

um quadro unificado para representar um

sistema de gestão de colégios

eficaz e

eficiente

que

garanta

implicitamente

a privacidade e a confidencialidade da informação e das mensagens

A

metodologia de modelização proposta baseia-se no princípio da

orientação por objectos, que permite

descrever

explicitamente

tanto o software como

as funcionalidades

.

Além disso, ilustra a forma como a

Além disso, ilustra

a forma como

a conhecida linguagem de especificação orientada para os objectos Unified

Modeling Language pode ser adoptada para

fornecer

uma

formalização

adequada

da sua semântica

para

descrever

aspectos

estruturais e comportamentais

do sistema de gestão da base de dados do Colégio

relacionados

com as

partes lógicas e físicas

. É necessário

implementar

o software

com base no modelo orientado para os objectos desenvolvido

.

Os erros no

processo de modelação podem

contribuir

significativamente para

os custos e o tempo de desenvolvimento

. A eficiência operacional também pode ser afetada.

Por conseguinte, deve ser dada especial atenção à correção dos modelos utilizados a todos os níveis de planeamento, e a Linguagem de Modelação Unificada (UML) desempenha um papel impecável neste contexto.

Diagrama de classes

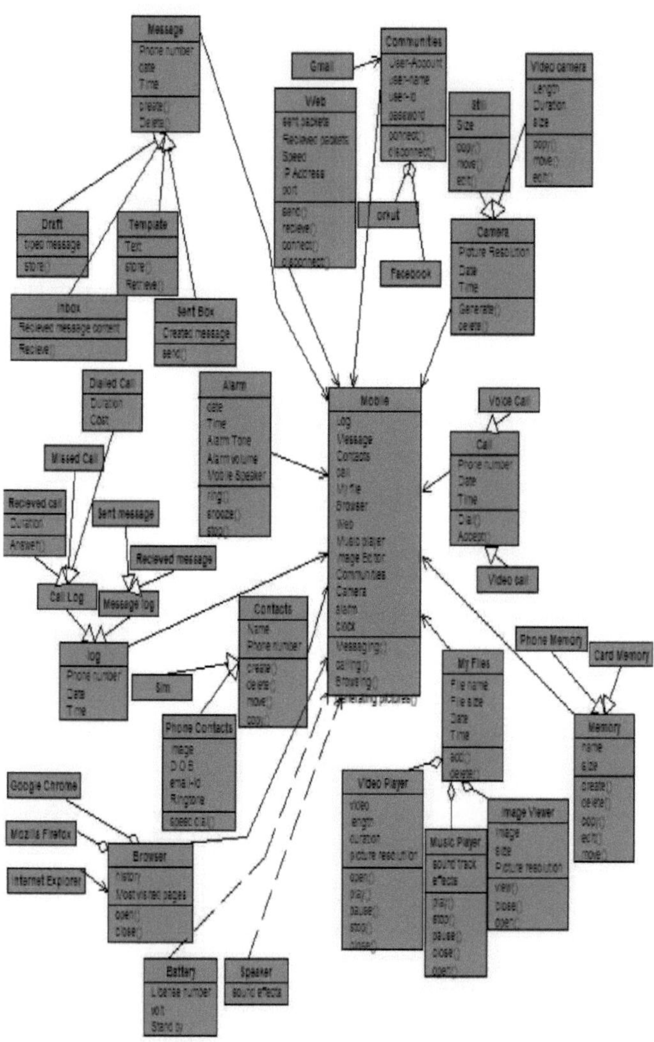

Ilustração. Diagrama de classes para o Sistema de Gestão de Colégios

O diagrama de classes acima mostra as várias classes e as relações que existem entre elas num sistema de gestão universitária, em que a universidade é a classe importante que controla as actividades e operações dos vários objectos das outras classes. O sistema de gestão da universidade é composto por várias classes, como "Hostel", "Student", "Faculty", "Department", "Library", etc. A classe "Hostel" é herdada em "boys_hostel" e "girls_hostel" para que ambas as classes possam partilhar os mesmos elementos de dados e funções de associação. Do mesmo modo, a classe "Faculty" é herdada em "Teaching" e "Non-Teaching Staff".

Diagrama de casos de utilização

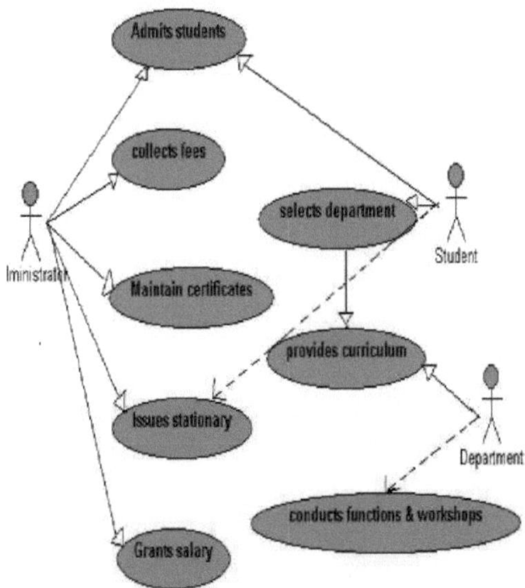

Diagrama de casos de utilização para a admissão de estudantes

Neste caso, o administrador tem a possibilidade de admitir um estudante depois de verificar se este possui as qualificações necessárias. Depois de o estudante ter sido admitido na faculdade, tem de pagar as propinas para confirmar o seu lugar. Todos os estudantes devem apresentar os seus certificados originais, incluindo as folhas de notas, o certificado comunitário, etc. Estes certificados são mantidos na administração pelo administrador durante o período do curso. Estes certificados são mantidos na administração pelo administrador durante o período do curso. No caso do departamento, os estudantes têm o direito de escolher um determinado departamento que gostariam de escolher. O trabalho de um departamento é fornecer o currículo aos estudantes e também organizar muitas funções, seminários e workshops. O administrador fornece os artigos de papelaria aos estudantes e, assim que um estudante os recebe, o dinheiro é efetivamente debitado da sua conta.

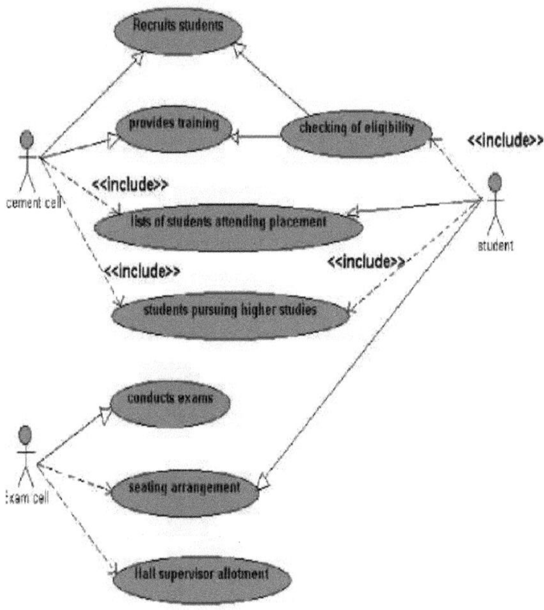

Fig.: Diagrama de casos de utilização para a participação em estágios e exames

O diagrama de casos de utilização acima mostra as medidas tomadas por um estudante durante a sua participação em estágios e exames. Vejamos primeiro as medidas tomadas pela célula de estágios. A principal função de uma célula de estágios é dar formação aos estudantes para que estes possam abordar a sua colocação com um elevado nível de confiança. Esta célula de colocação também contém informações sobre o número de estudantes que estão a fazer estágios, bem como sobre os estudantes que estão a fazer estudos superiores.

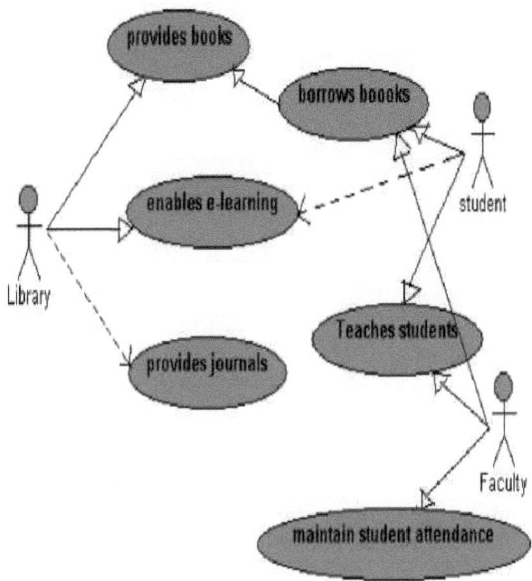

Diagrama de casos de utilização para a relação entre estudante, biblioteca e

O diagrama de casos de utilização acima mostra a relação entre um estudante, a biblioteca e o corpo docente. Tanto os estudantes como os membros do corpo docente pedem livros emprestados à biblioteca. A biblioteca também oferece a possibilidade de e-learning para que tanto os estudantes como os membros do corpo docente possam adquirir conhecimentos adicionais sobre as tendências actuais, o que também ajuda os estudantes a obter mais informações na sua área de interesse.

Diagrama de interação

O diagrama abaixo mostra a sequência de procedimentos que são efectuados quando um estudante se candidata à admissão na administração da universidade.

A administração também nomeia os funcionários para os diferentes serviços, de acordo com as suas qualificações.

Fig.: Fluxograma de admissão dos estudantes

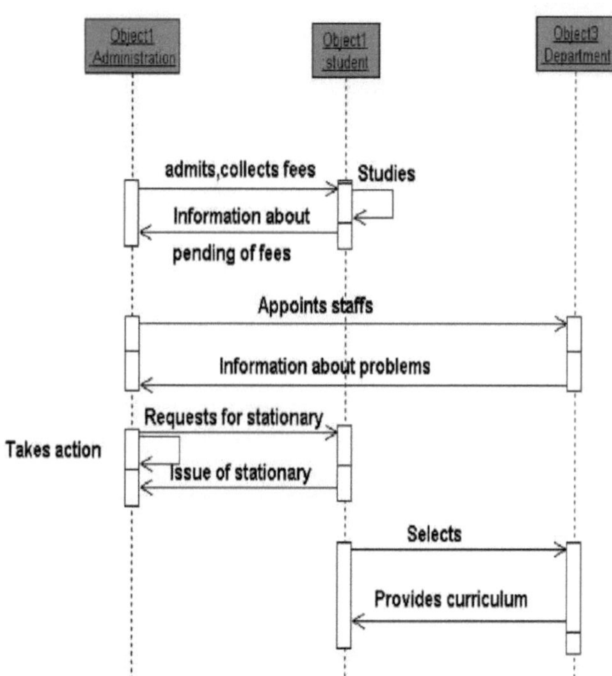

Os alunos são inicialmente formados independentemente das suas habilitações, mas são elegíveis para participar nos treinos com base no seu cgpa, disciplina, etc. Estas condições são verificadas.

O departamento de exames agenda todos os exames e também atribui vigilantes para as salas e a disposição dos lugares para os estudantes.

Fig.: Fluxograma para a realização de estágios e exames

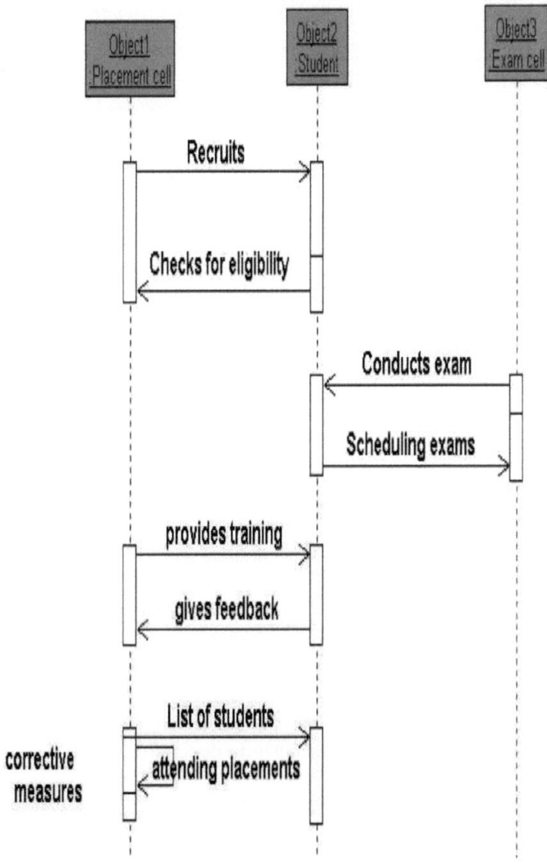

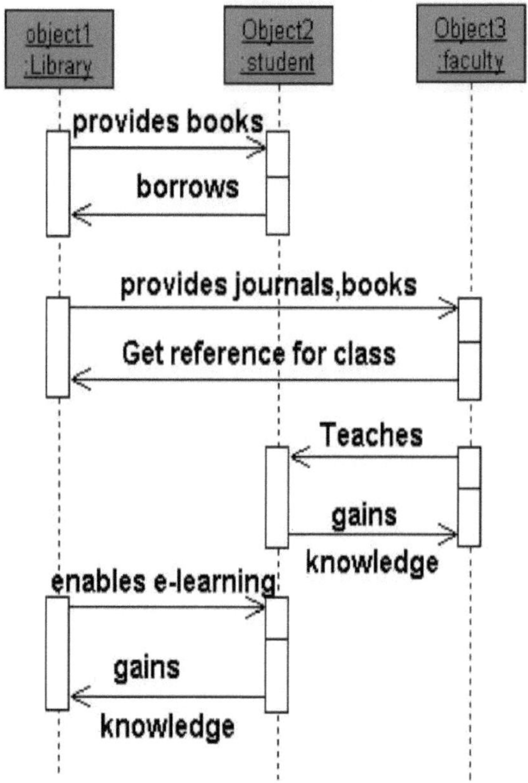

Fluxograma para o empréstimo de livros na biblioteca

Tanto os alunos como os professores podem requisitar livros da biblioteca. Os livros só são entregues depois de os dados terem sido introduzidos na base de dados da biblioteca.

Diagrama de actividades

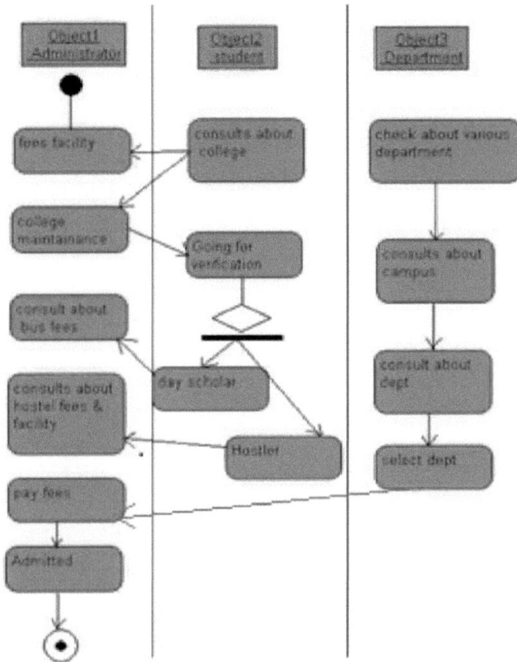

Antes de serem admitidos, têm de escolher a sua área de estudo. Em seguida, os estudantes são divididos em estudantes diurnos e estudantes visitantes. O estudante diurno recolhe informações sobre as taxas de autocarro e outras taxas, enquanto o estudante visitante recolhe informações sobre as taxas de refeição e de dormitório. Por fim, os certificados de habilitações dos alunos são analisados e os alunos são admitidos.

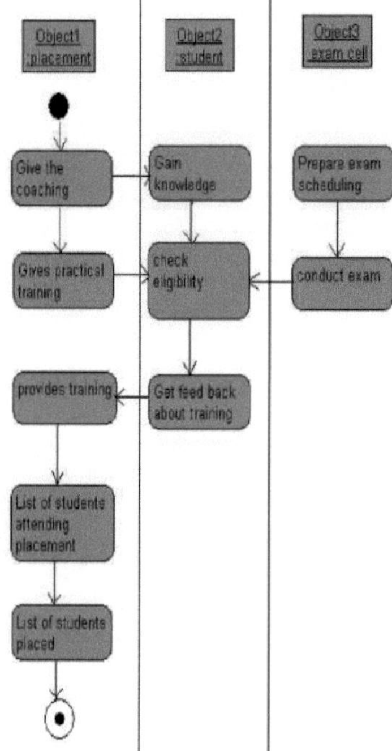

Diagrama de actividades para a participação no estágio e no exame

A secção de estágios dá formação a todos os estudantes e recebe também o feedback dos estudantes sobre a sua formação. Contém pormenores sobre os resultados académicos dos estudantes e também sobre as actividades extracurriculares e relacionadas com o trabalho que realizam durante os seus estudos.

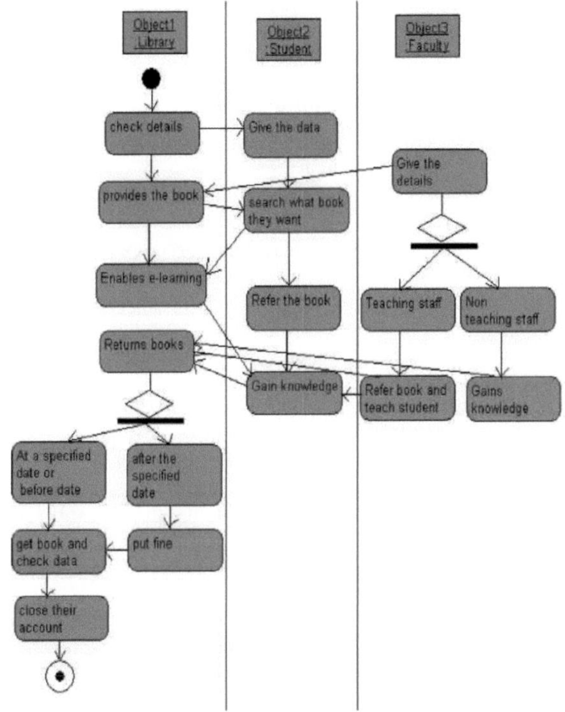

Diagrama de actividades para requisitar livros da biblioteca

Os alunos podem pedir livros emprestados à biblioteca. Ao pedir um livro emprestado à biblioteca, os alunos são obrigados a devolver o livro numa data específica, mas se o aluno não puder devolver o livro na data especificada, tem de pagar uma multa e só então pode devolver o seu livro.

Capítulo 8
**Uma abordagem orientada por objectos para a modelação de
sistemas de bases de dados seguros
no sector da saúde**

Nos últimos anos, tem-se verificado um aumento acentuado dos recursos financeiros

gastos no sector da saúde. Garantir uma elevada eficiência operacional neste sector está

a revelar-se o objetivo mais importante para avaliar o desempenho organizacional como

um todo. Este trabalho tem como objetivo utilizar uma linguagem de modelação para

fornecer um quadro unificado para representar um sistema de gestão de cuidados de saúde

eficaz e eficiente que garanta implicitamente a privacidade e a confidencialidade da

informação e das mensagens. A metodologia de modelização proposta baseia-se no

princípio da orientação por objectos, que permite descrever explicitamente tanto o

software como as funcionalidades. Além disso, ilustra a forma como a conhecida

linguagem de especificação orientada para objectos Unified Modeling Language pode ser

utilizada para fornecer uma formalização adequada da sua semântica para descrever

aspectos estruturais e comportamentais do sistema de gestão das finanças pessoais em

linha relacionados com as partes lógicas e físicas. É necessário implementar o software

com base no modelo orientado para os objectos desenvolvido. Os erros no processo de

modelação podem contribuir significativamente para os custos e tempos de

desenvolvimento. A eficiência operacional também pode ser afetada.

Por conseguinte, deve ser dada especial atenção à correção dos modelos utilizados a todos

os níveis de planeamento, e a Linguagem de Modelação Unificada (UML) desempenha um papel impecável neste contexto.

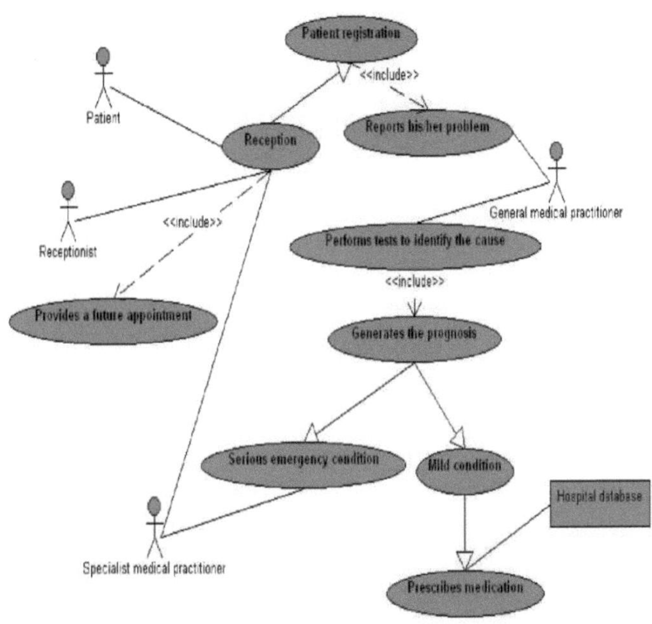

Fig. Diagrama de casos de utilização para a gestão hospitalar

Quando um doente visita um hospital, é-lhe pedido que preencha um formulário de registo. Deve fornecer ao rececionista informações como o seu nome, idade, morada, contactos e, se for caso disso, o seu historial médico. O hospital mantém um dossier para cada doente com informações sobre a sua história clínica, os resultados de vários exames e as consultas com os médicos envolvidos, que são actualizados após cada visita, e o doente é encaminhado para um médico de clínica geral. O médico efectua vários exames e diagnostica o problema. Se o problema for ligeiro, o doente é aconselhado a tomar medicamentos. No caso de doenças mais graves, o doente é encaminhado para um especialista que efectua mais exames para determinar a causa exacta do problema. O estado de cada doente é mantido atualizado na base de dados do hospital.

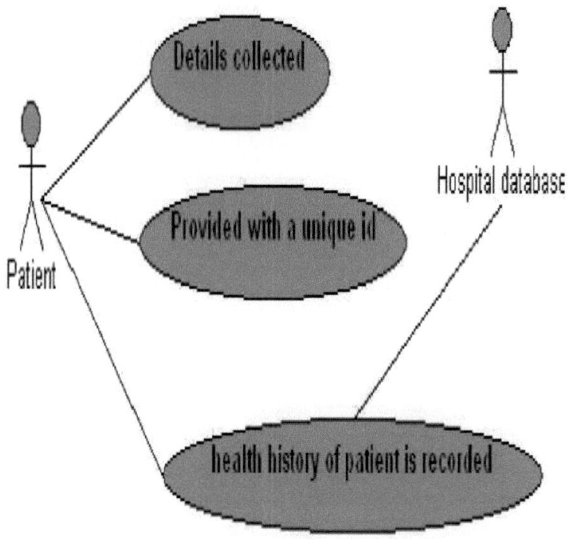

Ilustração. Diagrama de casos de utilização para registo de doentes

Quando um doente se desloca a um hospital, é-lhe pedido, em primeiro lugar, que preencha o formulário de registo. Deve fornecer informações como o nome, a idade, o endereço do domicílio, os dados de contacto e, se for caso disso, o seu historial médico. O doente recebe então um cartão de registo que contém informações como o seu nome, número de registo, idade e sexo. Além disso, o hospital mantém um dossier para cada doente, que contém informações sobre a sua história clínica, os resultados de vários exames e as consultas com os médicos em causa, sendo atualizado após cada consulta.

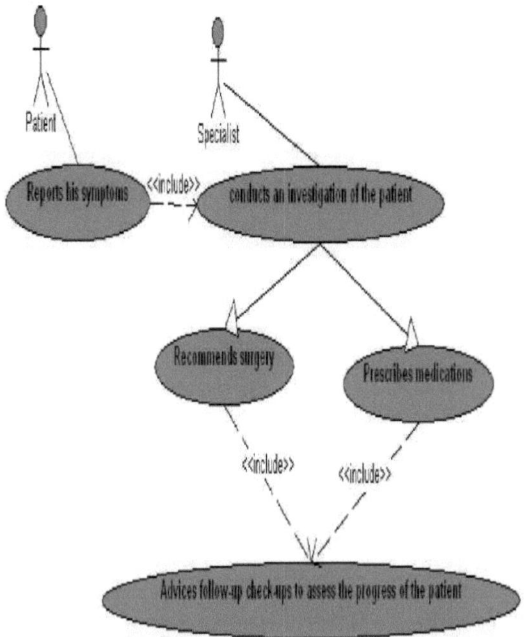

Fig. Diagrama de casos de utilização para o procedimento de diagnóstico

Depois de se registar, o doente tem uma consulta com o médico em causa. O médico efectua um exame completo do doente. Consoante a gravidade do diagnóstico, o médico recomenda uma intervenção cirúrgica ou prescreve medicamentos para o doente. O doente é então aconselhado a comparecer a consultas de acompanhamento para avaliar a sua evolução.

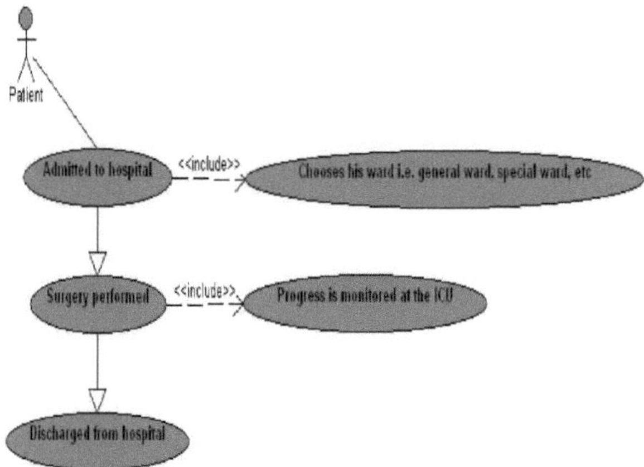

Fig. Diagrama de casos de utilização para um doente submetido a uma cirurgia

Se, após o diagnóstico, for recomendada uma intervenção cirúrgica, o doente será convidado a ser internado no hospital. Aquando do seu internamento, o doente pode escolher a ala em que pretende ficar alojado, de acordo com os seus desejos individuais. Em função da disponibilidade do bloco operatório e do cirurgião, é marcada uma data e uma hora adequadas para a operação. Após a operação, o doente é transferido para a unidade de cuidados intensivos (UCI), onde os seus sinais vitais são monitorizados. Em seguida, é transferido para a sua enfermaria, onde permanece em observação durante alguns dias antes de receber alta.

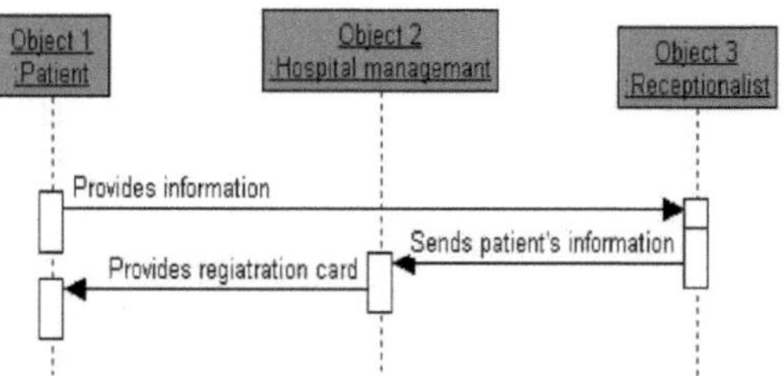

Fig. Diagrama de sequência para o registo de doentes

O doente que deseja ser tratado no hospital dirige-se à receção para se registar e o rececionista recolhe as informações do doente, tais como o nome, a morada e o problema do doente.

Depois de o doente ter fornecido todas as informações necessárias, a rececionista envia as informações para a direção do hospital. A direção do hospital atribui um identificador único ao doente e emite um cartão de registo.

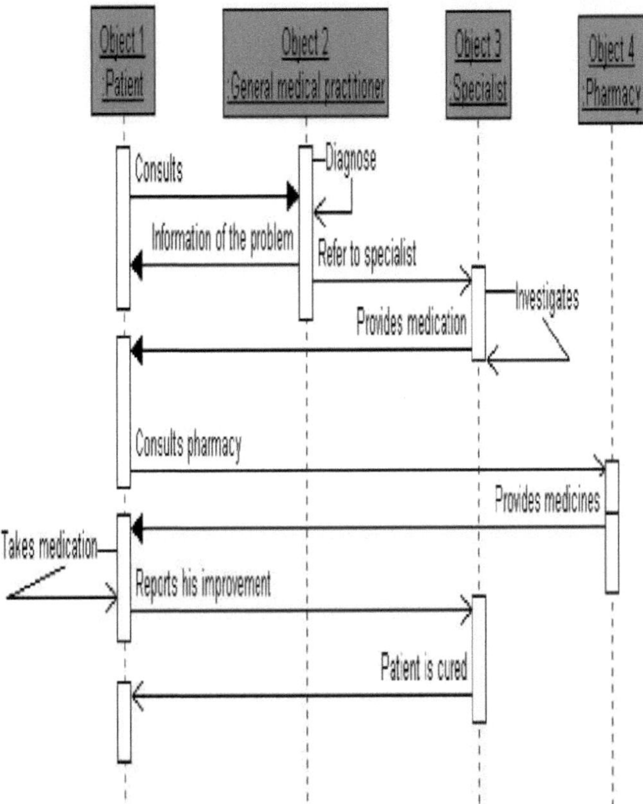

Fig. Diagrama de sequência para o processo de medicação

O doente consulta o médico de clínica geral que diagnostica o problema e aconselha um tratamento posterior; em caso de doença grave, o doente é encaminhado para um especialista que examina melhor o problema e prescreve a medicação para o doente.

O doente compra o medicamento necessário na farmácia e fica curado do problema após a toma do medicamento.

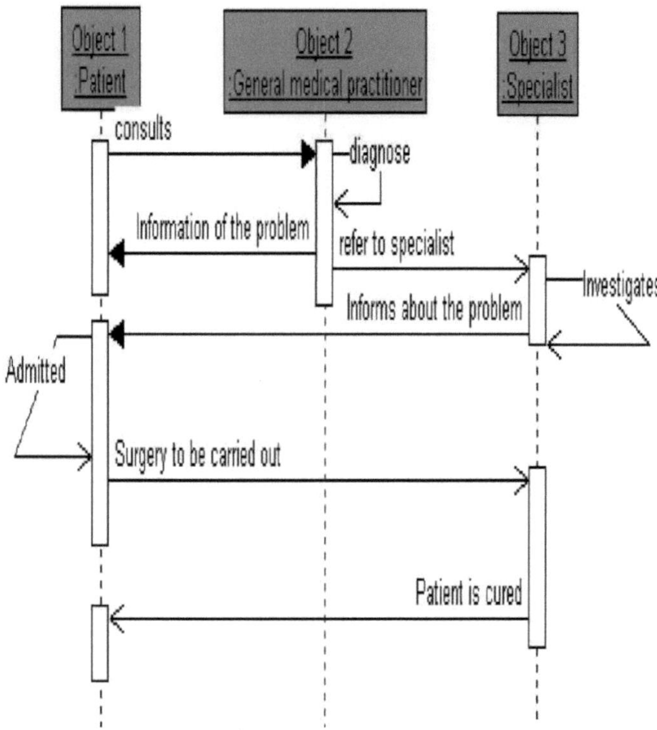

Fig. Diagrama de sequência da operação

O doente recorre a um médico de clínica geral, que diagnostica o problema e aconselha um tratamento posterior. Em caso de estado crítico, o doente é encaminhado para um especialista, que examina o problema e recomenda uma operação para ajudar o doente a recuperar rapidamente. O doente é internado no hospital e preparado para a operação. O doente é operado e recebe cuidados durante algumas horas após a operação, antes de ser transferido para a sua enfermaria. O doente é mantido em observação durante alguns dias e depois tem alta.

Diagrama de actividades

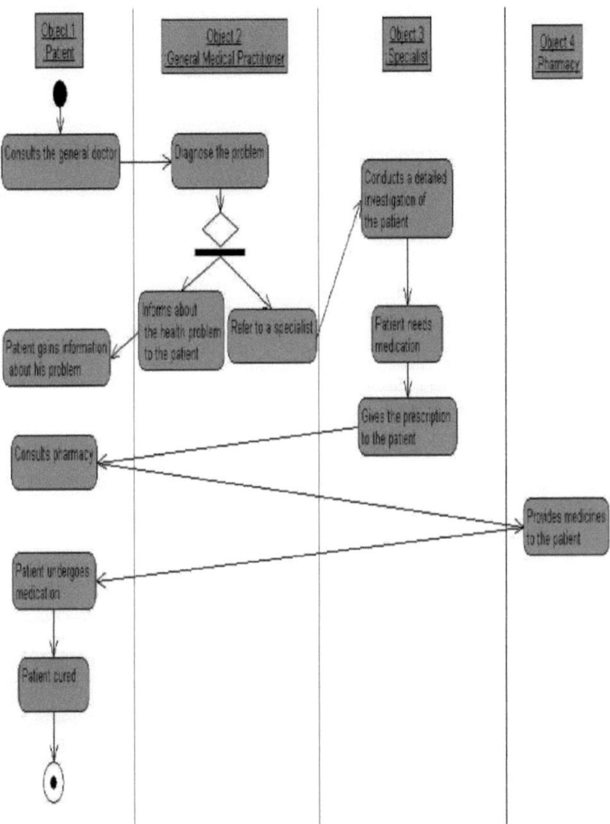

Diagrama de actividades para um doente que vai ser tratado com medicação

Quando um doente visita um hospital, é-lhe pedido que preencha o formulário de registo. O doente recebe então um cartão de registo. O hospital mantém um dossier para cada doente, que contém informações sobre a sua história clínica, os resultados de vários exames e consultas com os médicos envolvidos e que é atualizado após cada visita.

Uma vez inscrito, o doente tem uma consulta com um médico de clínica geral, que o examina minuciosamente. Em função da gravidade do diagnóstico, o médico encaminha o doente para um especialista ou prescreve-lhe um medicamento. O doente compra então os medicamentos na farmácia. Em seguida, o doente é aconselhado a fazer exames de controlo para avaliar a sua evolução.

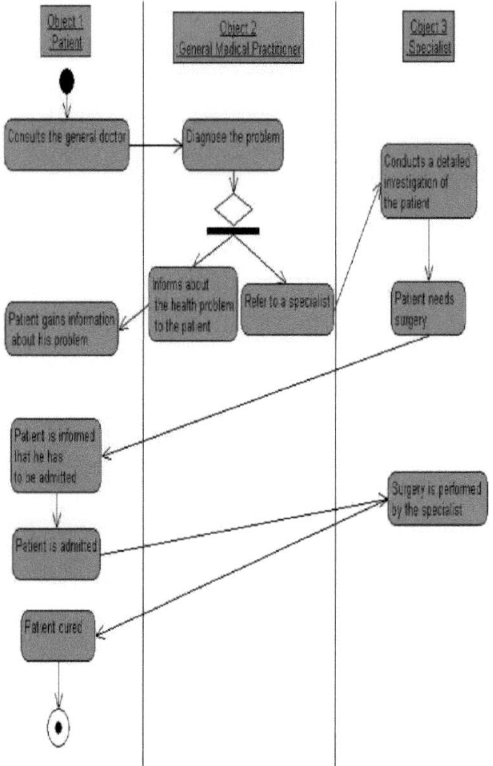

Diagrama de actividades para um doente que vai ser submetido a uma cirurgia

Se, após consulta com o médico, for recomendada uma intervenção cirúrgica, o doente é convidado a ser internado no hospital. Aquando do internamento, o doente pode escolher a ala em que pretende ficar alojado, de acordo com os seus desejos individuais. Em função da disponibilidade do bloco operatório e do cirurgião, é marcada uma data e uma hora adequadas para a operação. Após a operação, o doente é transferido para a unidade de cuidados intensivos (UCI), onde os seus sinais vitais são monitorizados. Em seguida, é transferido para a sua enfermaria, onde é mantido sob observação durante mais alguns dias antes de receber alta.

Capítulo 9

Abordagem de modelação baseada em caraterísticas para a eletrónica incorporada utilizando a tecnologia de modelação de objectos

Os sistemas incorporados são de interesse moderno para o sector das TI em rápido crescimento. Os sistemas incorporados são especificamente concebidos para uma determinada tarefa, ao passo que os sistemas gerais são concebidos para executar múltiplas tarefas. Certos sistemas estão também sujeitos a restrições de desempenho em tempo real por razões de segurança e facilidade de utilização; outros podem ter poucos ou nenhuns requisitos de desempenho, pelo que o hardware do sistema pode ser simplificado para reduzir os custos. Os sistemas incorporados vão desde a ausência de interface de utilizador, dedicada a uma única tarefa, até interfaces gráficas de utilizador complexas que se assemelham a sistemas operativos de computadores de secretária modernos. O ARBEIT propõe uma série de diagramas baseados no princípio da orientação para objectos que descrevem as funcionalidades do hardware e do software. Os diagramas representam os aspectos funcionais, comportamentais e estruturais do sistema eletrónico incorporado. A metodologia de modelização proposta baseia-se no princípio da orientação para objectos, que permite descrever explicitamente tanto o software como as funcionalidades. Além disso, ilustra como a conhecida linguagem de especificação orientada para os objectos Unified Modeling Language, com uma formalização adequada da sua semântica, pode ser utilizada para descrever aspectos estruturais e comportamentais do sistema de gestão da base de dados do smartphone.

A linguagem de especificação orientada para os objectos, a Unified Modeling Language, com uma formalização adequada da sua semântica, pode ser utilizada para descrever os aspectos estruturais e comportamentais do sistema de gestão da base de dados do smartphone, relacionados com as partes lógica e física. É necessário implementar o software com base no modelo orientado para os objectos desenvolvido. Os erros no processo de modelação podem contribuir significativamente para os custos e o tempo de desenvolvimento. A eficiência operacional também pode ser afetada. Neste caso, é dada

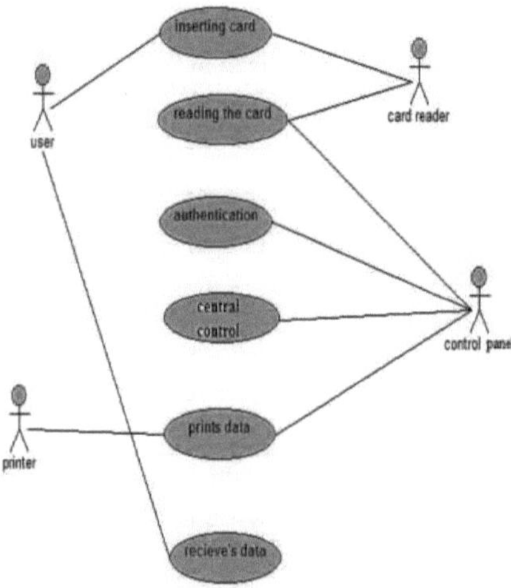

Fig. Diagrama de casos de utilização para ATM

O diagrama de casos de utilização acima dá uma visão geral do funcionamento de uma caixa multibanco. Aqui temos três intervenientes, nomeadamente o utilizador, a impressora, o leitor de cartões e o painel de controlo.

Todo o processo é descrito no diagrama de casos de utilização. O utilizador insere o cartão no sistema ATM. Quando o cartão é inserido pelo utilizador, os dados são lidos pelo leitor de cartões. O painel de controlo controla todo o sistema. Em seguida, ocorre um processo de autenticação, quer o utilizador e a palavra-passe coincidam ou não.

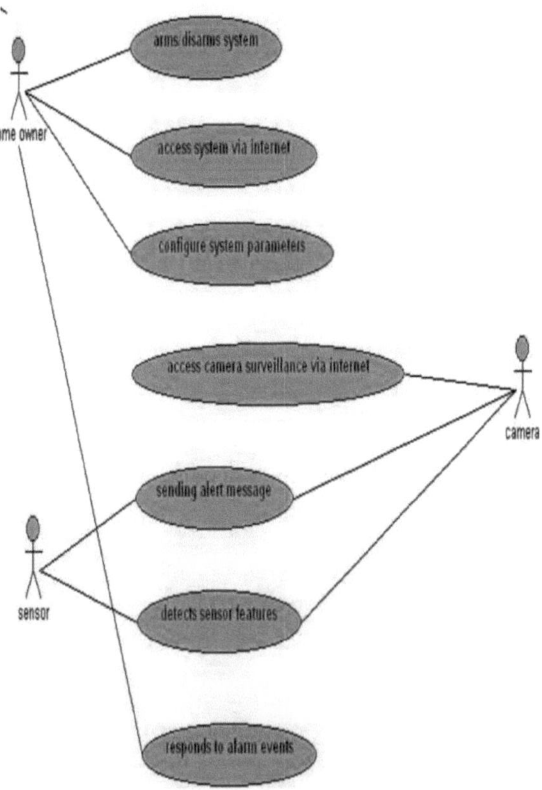

Fig. Caso de utilização de sistemas de segurança doméstica

A figura acima explica o diagrama de casos de utilização do sistema de segurança doméstica, no qual definimos três intervenientes, nomeadamente o proprietário, a câmara e o sensor. Descreve como o sistema está configurado para monitorizar sensores através de uma câmara e acionar um alarme quando o proprietário sai ou permanece em casa. O sistema foi programado para uma palavra-passe e reconhece vários sensores que o proprietário pode utilizar para ativar e desativar o sistema, conforme necessário. Podem aceder a todo o sistema através da Internet para que o proprietário seja informado sobre a sua segurança quando sai ou permanece em casa. Se o sensor detetar algo de anormal, envia a informação para a câmara. Assim, as caraterísticas da informação são reconhecidas pela câmara. Em caso de alarme, as mensagens de alarme são enviadas para o proprietário para que este possa responder ao evento de alarme.

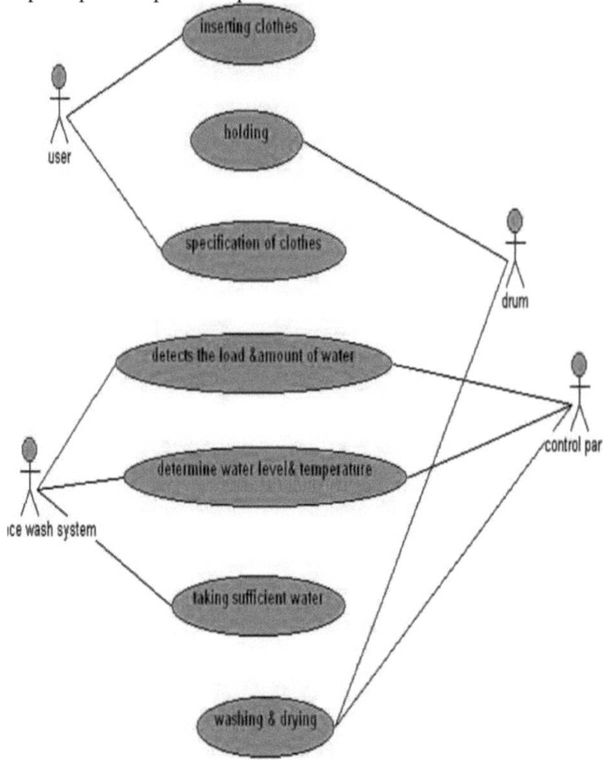

Fig. Diagrama de casos de utilização para a máquina de lavar roupa

O diagrama de casos de utilização acima fornece uma visão geral dos processos no interior da máquina de lavar roupa. Os intervenientes são o utilizador, o tambor, o sistema de lavagem inteligente e o painel de controlo. A roupa é carregada pelo utilizador, uma vez que os panos carregados foram retidos pelo tambor. O utilizador deve especificar o tipo de roupa (algodão, seda, etc.). Uma vez especificado, o sistema de lavagem inteligente, conforme programado, reconhece automaticamente a carga e a quantidade de água. A temperatura e o detergente são determinados pelo sistema de lavagem inteligente. O painel de controlo controla toda a operação. A lavagem e a secagem são efectuadas automaticamente.

Diagrama de interação

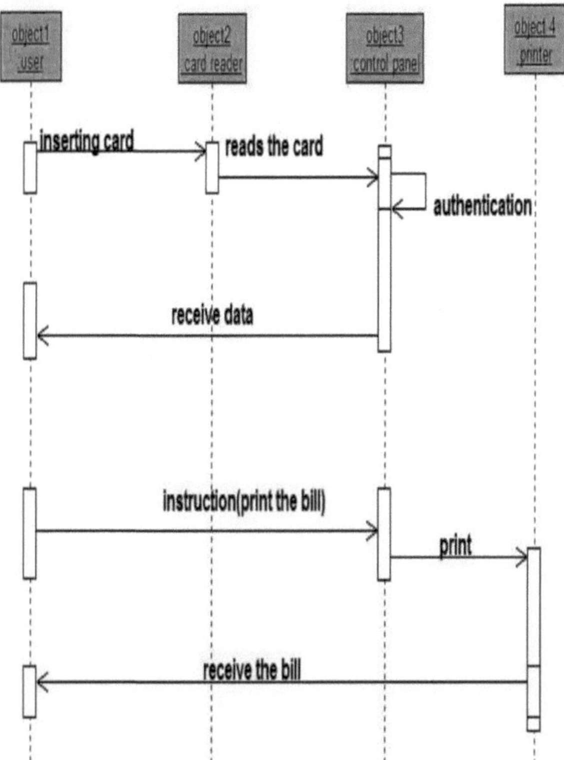

Fig. Diagrama de sequência para ATM

O funcionamento sequencial do ATM pode ser visto acima. O utilizador começa por inserir o cartão. Os dados são então lidos pelo leitor de cartões. Este determina se o nome do utilizador corresponde à palavra-passe do utilizador.

Se o utilizador necessitar de uma fatura (por exemplo, um mini extrato de conta), esta é impressa pela impressora.

Fig. Diagrama de sequência do sistema de segurança doméstica

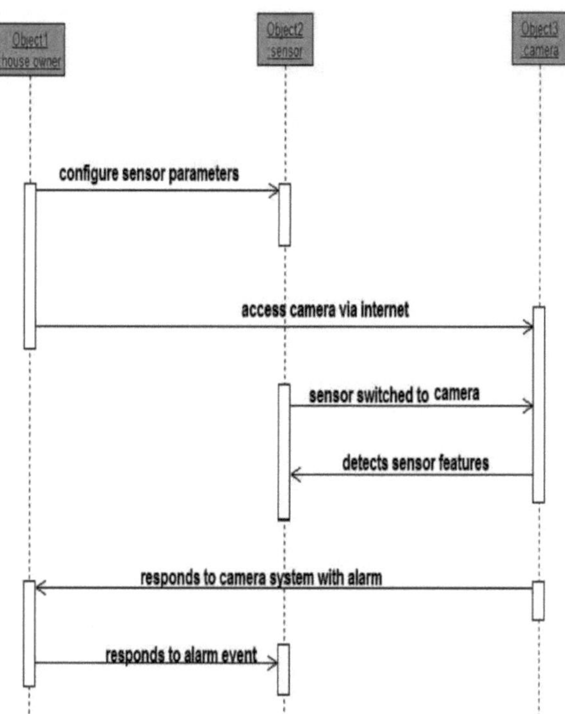

A figura acima descreve a sequência de acções dos intervenientes durante o funcionamento do sistema de segurança doméstica. O objeto aqui mencionado é triplo, nomeadamente o proprietário da casa, o sensor e a câmara. A figura descreve a sequência de actividades destes três intervenientes. O primeiro passo do proprietário é configurar os parâmetros do sensor e depois a câmara, que é acedida através da Internet. O sensor passa então para a câmara se ocorrerem falhas invulgares. Quando a informação chega à câmara, esta reconhece as caraterísticas da informação enviada pelo sensor e envia a informação ao proprietário com um alerta. O proprietário pode reagir imediatamente ao alarme.

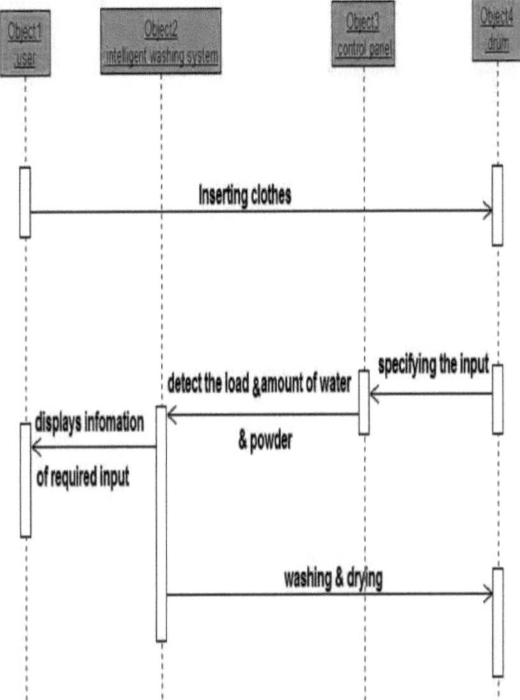

Fig. Diagrama de fluxo para a máquina de lavar roupa:

O diagrama de sequência acima dá uma visão geral das actividades sequenciais para operar uma máquina de lavar roupa. Aqui temos objectos/actores como o utilizador, o sistema de lavagem inteligente, o painel de controlo e o tambor.

O utilizador introduz a roupa e o tambor mantém-na no lugar. O utilizador deve então introduzir a carga. Depois de determinado o tipo de roupa, a carga e a quantidade de água são determinadas pelo sistema de lavagem inteligente e a lavagem e secagem são efectuadas automaticamente. O painel de controlo assume todo o controlo da máquina.

Diagrama de actividades

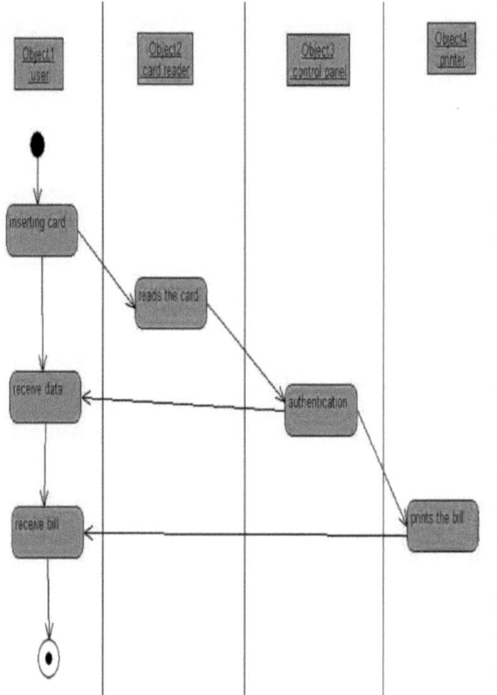

Fig. Diagrama de actividades para a ATM

O utilizador insere o cartão e introduz os dados necessários para o sistema. Após esta confirmação do utilizador, este pode verificar as informações da conta ou quaisquer outras informações de que necessite. O leitor de cartões lê o cartão e, em seguida, o processo de autenticação continua e determina os dados do utilizador. Quando o utilizador fornece o saldo da sua conta, a fatura é impressa pela impressora.

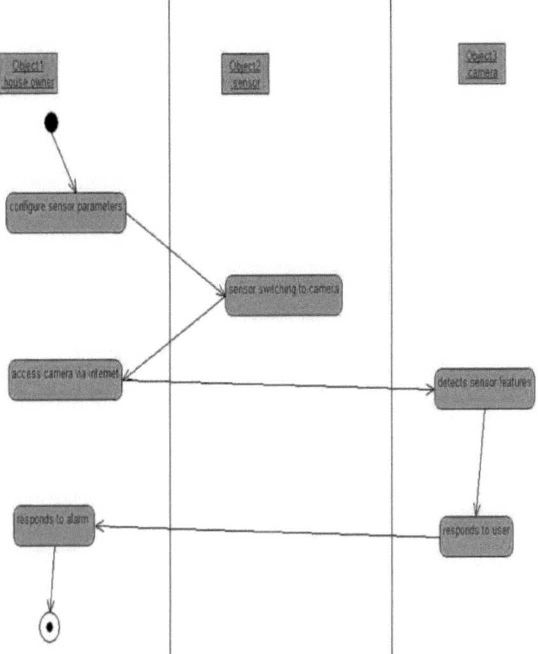

Diagrama de actividades para um sistema de segurança doméstica

A figura acima descreve a atividade realizada por cada membro/ator/objeto do sistema. Como vimos anteriormente, existem três actores/objectos. Nomeadamente, o proprietário da casa, o sensor e a câmara. O proprietário começa por configurar os parâmetros do sistema. Configura todo o sistema. A câmara, que é um dos intervenientes, é contactada pelo proprietário através da Internet. Em caso de emergência, o alarme alerta o proprietário e este reage. O sensor reconhece a situação.

Algo invulgar liga a câmara. A câmara reconhece as caraterísticas da informação enviada pelo sensor e envia a mensagem ao proprietário com um alarme, proporcionando segurança à casa.

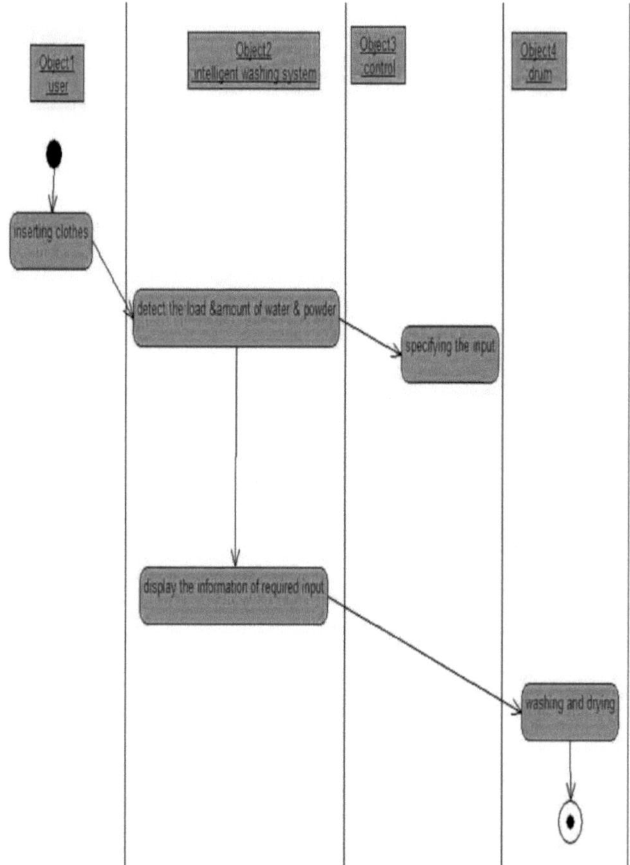

Fig. Diagrama de actividades da máquina de lavar roupa

O utilizador carrega a roupa e especifica o tipo de roupa. O sistema de lavagem inteligente controla então a determinação da quantidade de água e de pó, a visualização das entradas necessárias, a lavagem e a secagem e executa-as em sequência.

Capítulo 10
Desenvolvimento de uma conceção semântica da melhor rede ferroviária utilizando uma estratégia de identificação sistemática de objectos

Para melhorar o bem-estar económico, a gestão de bases de dados constitui uma fonte de enriquecimento para os sectores indianos de reserva ferroviária. A aplicação deste recurso no sector ferroviário pode criar um elevado estatuto económico. Assegurar uma elevada eficiência operacional no sector revela-se o objetivo mais importante para avaliar o desempenho organizacional como um todo. Esta tese tem como objetivo utilizar uma linguagem de modelização que forneça um quadro unificado para representar um sistema de gestão ferroviária rentável e melhor que garanta implicitamente a confidencialidade da informação e das mensagens. A metodologia de modelização proposta baseia-se no princípio do sistema de bases de dados, que permite armazenar e recuperar facilmente a informação. Além disso, é ilustrada uma formalização adequada da semântica para descrever os aspectos estruturais e comportamentais do sector ferroviário, tanto no que se refere à parte lógica como à parte física. É necessário implementar o software com base no sistema de base de dados desenvolvido. Os erros no processo de modelação podem contribuir significativamente para os custos e o tempo de desenvolvimento. A eficiência operacional também pode ser afetada. Por conseguinte, deve ser prestada especial atenção à correção dos modelos utilizados a todos os níveis de planeamento, pelo que a Linguagem de Modelação Unificada (UML) desempenha um papel fundamental.

Diagrama de casos de utilização

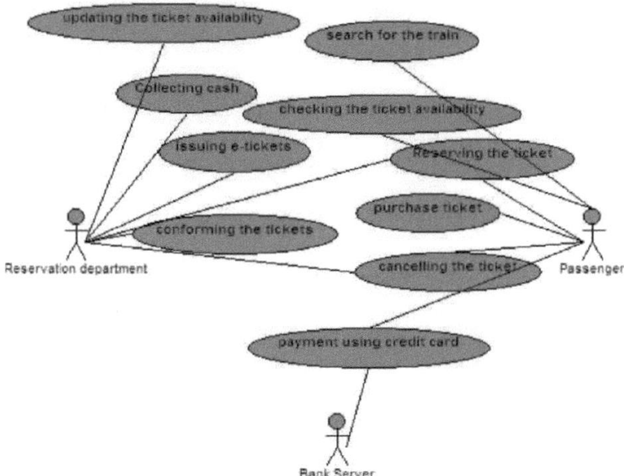

Fig. Diagrama de casos de utilização para a gestão ferroviária.

O diagrama de casos de utilização acima dá uma visão geral do sistema de gestão dos caminhos-de-ferro. Quando uma pessoa entra no comboio, é-lhe pedido que preencha um formulário de registo. Terá de fornecer dados como o nome, a idade e o endereço do passageiro,

Informações de contacto, origem, destino, nome do comboio, número do comboio para o serviço de reservas. O serviço de reservas mantém uma base de dados para cada reserva, que contém informações sobre os dados do passageiro, os resultados da reserva efectuada e os dados de viagem do comboio em questão, que podem ou não estar disponíveis. Os passageiros recebem o bilhete diretamente através da confirmação ou através da lista de espera. Verifica os bilhetes disponíveis e anula os bilhetes se o bilhete estiver em conformidade ou em lista de espera e os passageiros verificarem a conformidade do bilhete. O pagamento do bilhete pode ser efectuado diretamente ou por cartão de crédito. Os cartões de crédito são aceites pelo servidor bancário.

Na administração dos caminhos-de-ferro, a administração oferece a possibilidade de viajar e de enviar para ajudar as pessoas. Na administração ferroviária, os clientes enviam as suas encomendas por RMS (Rail Mail Service), a administração mantém uma base de dados separada para o serviço RMS. Na administração ferroviária, a administração disponibiliza o comboio de mercadorias para o envio das bagagens. O cliente é pago pelo envio das viagens e pelo RMS.

Fig. Diagrama de casos de utilizao para o objetivo do caminho de ferro

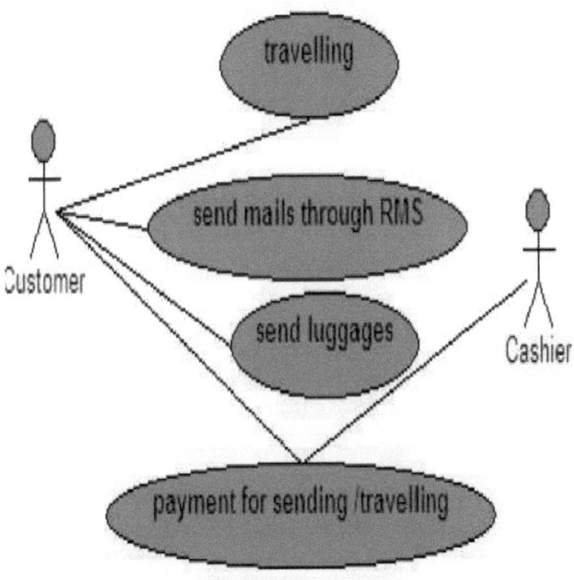

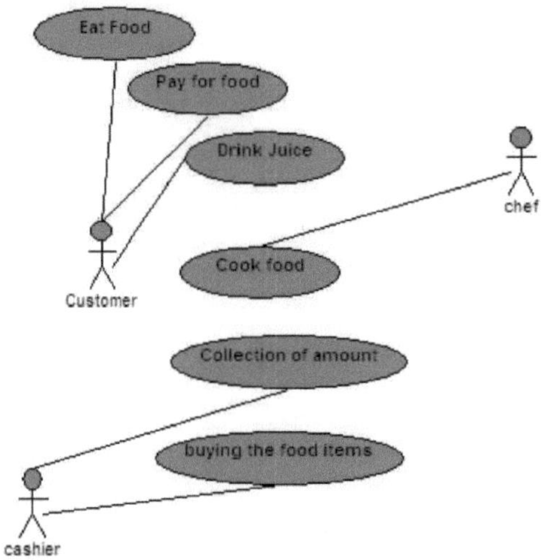

Fig. Diagrama de casos de utilização para a cantina ferroviária

O diagrama de casos de utilização acima mostra o processo na cantina de uma estação de comboios. Aqui, o cliente encomenda a comida. O cozinheiro recebe a encomenda e cozinha a comida de acordo com a encomenda efectuada pelo cliente. O cozinheiro prepara então a comida encomendada para o cliente. Em seguida, o cliente come a comida e paga o montante à caixa.

Diagrama de interação
Os diagramas de interação são utilizados para visualizar a interação entre classes. Descreve as operações e o comportamento dos objectos na conceção do sistema. É gerado a partir de cada diagrama de casos de utilização para identificar as mensagens e operações que representam a funcionalidade global do sistema.

DIAGRAMA DE SEQUÊNCIA: Um diagrama de sequência mostra o fluxo de mensagens de um objeto para outro. Mostra a ordem pela qual as actividades ou comportamentos ocorrem. Os elementos utilizados no diagrama de sequência são:

• Linha de vida: A linha de vida é utilizada para especificar uma linha de vida para um objeto. É apresentada como uma caixa no topo de uma linha vertical.

• Mensagem: Uma seta entre duas linhas de vida representa uma mensagem entre dois objectos e é identificada com o nome da mensagem.

• Asterisco: O asterisco na seta indica que a mensagem é enviada várias vezes para diferentes objectos receptores.

- Auto-delegação: Quando a seta de mensagem volta ao seu campo inicial no mesmo objeto, o objeto envia uma mensagem para si próprio; este tipo de mensagem é designado por auto-delegação.

DIAGRAMA DE COLABORAÇÃO: No diagrama de colaboração, a sequência de chamadas de métodos é indicada por uma técnica de numeração. O número indica como os métodos são chamados em sequência. Utilizámos o mesmo sistema de gestão de encomendas para descrever o diagrama de colaboração.

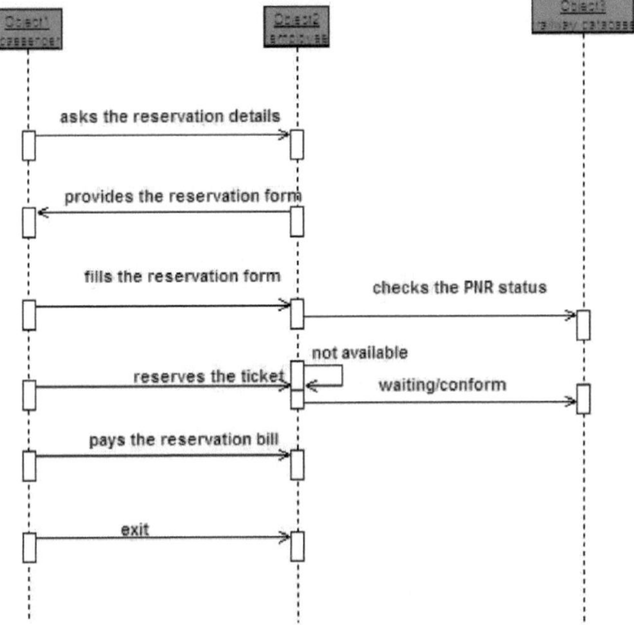

Fig. Fluxograma da reserva de comboio.

O diagrama de sequência acima descreve o processo de reserva de um comboio. O cliente pede os dados da reserva ao empregado, que, por sua vez, fornece o formulário de reserva. O cliente preenche o formulário de reserva de acordo com as informações requeridas. O cliente verifica o estado do PNR. Se os bilhetes estiverem disponíveis, o empregado reserva os bilhetes para o cliente. Por fim, o cliente paga o dinheiro.

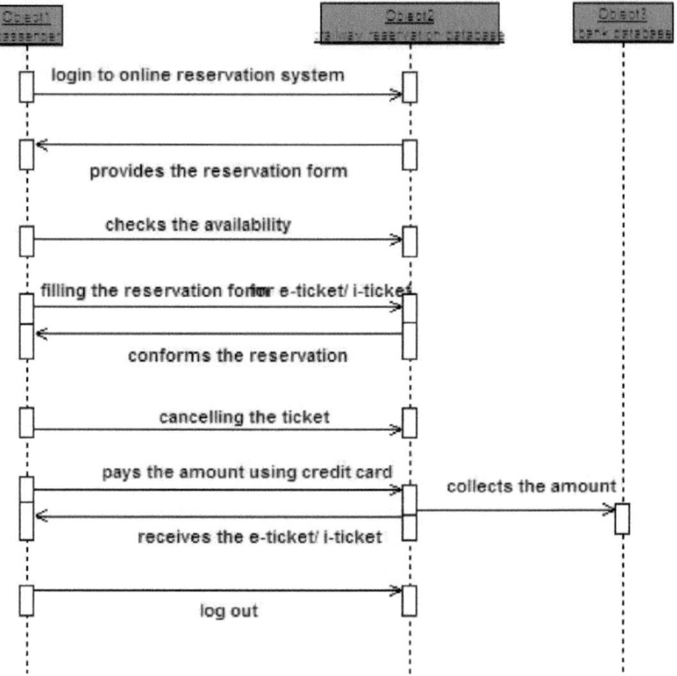

Diagrama de sequência para o processo de reserva em linha de ligações ferroviárias.

A ilustração acima mostra a reserva de um comboio para reserva em linha. Em primeiro lugar, o cliente inicia sessão na Internet e, em seguida, um sistema de reservas em linha fornece um formulário de reserva. O cliente preenche as informações solicitadas no formulário. O sistema verifica a disponibilidade de lugares na base de dados em linha para reservas de comboios. Se os lugares estiverem disponíveis, o bilhete é emitido. O montante dos bilhetes pode ser pago com cartão de crédito. O sistema da base de dados bancária recolhe então o montante do bilhete E/I. O cliente também pode cancelar o bilhete se este não estiver disponível. Por fim, o cliente termina a sessão na base de dados em linha dos caminhos-de-ferro.

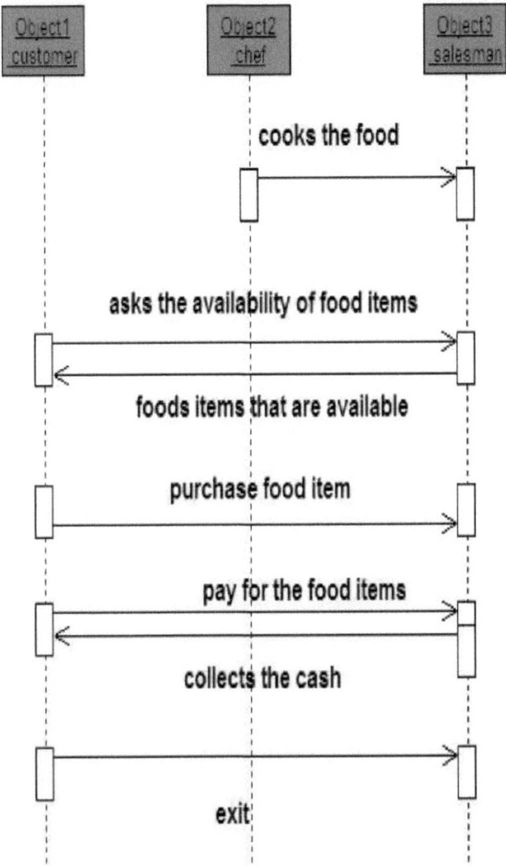

Fig. Diagrama de sequência para o processo alimentar.

O diagrama de sequência acima mostra o processo alimentar no sistema ferroviário. O cliente pergunta ao empregado da loja sobre a disponibilidade de alimentos. O vendedor consulta o chefe de cozinha e informa o cliente sobre os alimentos disponíveis. Em seguida, o cliente seleciona a comida desejada no vendedor, compra-a e paga o montante na caixa.

Diagrama de actividades

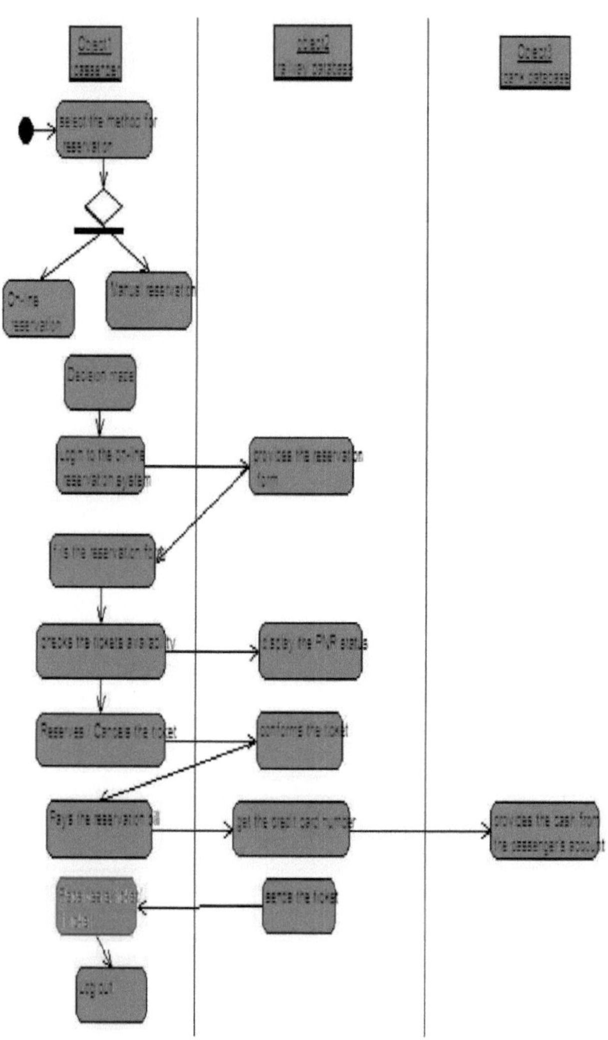

Diagrama de actividades para a reserva de bilhetes .

O diagrama de actividades acima refere-se à reserva de um bilhete. Em primeiro lugar, o cliente seleciona o método de reserva do bilhete. O cliente opta por uma reserva em linha ou por uma reserva manual. Se o cliente quiser reservar o bilhete em linha, tem de iniciar sessão na base de dados de reservas ferroviárias em linha. A base de dados de reservas ferroviárias fornece ao cliente um formulário no qual este pode introduzir os dados necessários. O formulário é preenchido pelo cliente e enviado para a base de dados dos caminhos-de-ferro para verificação. A base de dados de reservas ferroviárias verifica a disponibilidade e notifica o cliente da situação. Quando o cliente reserva o bilhete e paga o montante a partir da sua conta bancária através da base de dados bancária, o bilhete é confirmado.

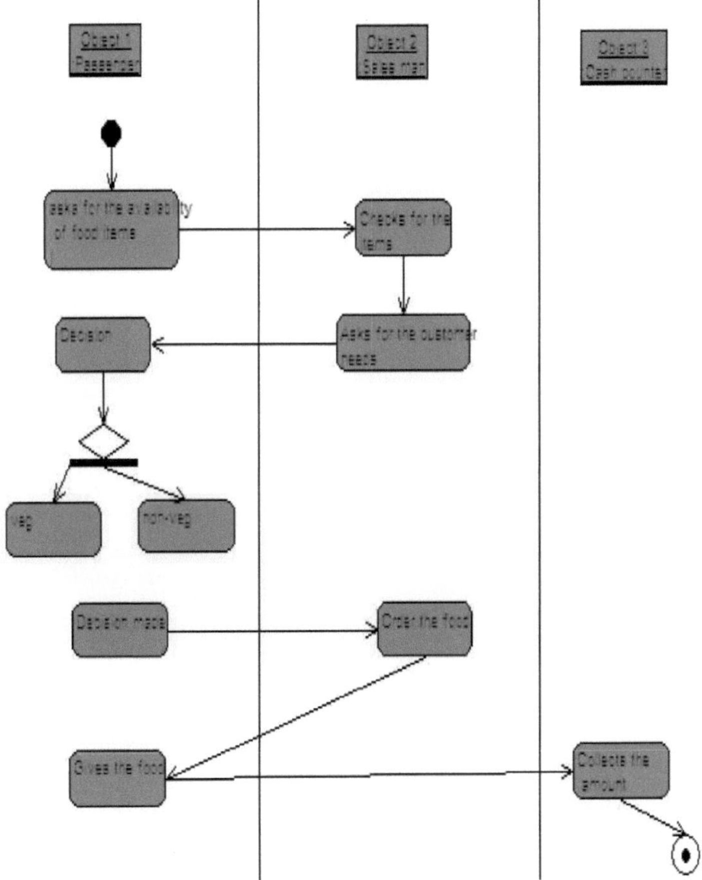

Diagrama de actividades para o processo alimentar

O diagrama de actividades acima refere-se ao processo alimentar. O passageiro pergunta ao vendedor sobre a disponibilidade de alimentos. O vendedor verifica então a disponibilidade de alimentos e informa o passageiro sobre os alimentos disponíveis. O passageiro escolhe um prato vegetariano ou não vegetariano e encomenda a comida de acordo com os seus desejos. O vendedor entrega a comida encomendada ao passageiro. O passageiro paga o montante da fatura.

Capítulo 11
Uma abordagem orientada por objectos para a modelação de sistemas de gestão de bibliotecas

A metodologia de modelização proposta baseia-se no princípio da orientação para objectos, que permite descrever explicitamente tanto o software como as funcionalidades. A metodologia de modelização proposta baseia-se no princípio da orientação para objectos, que permite descrever explicitamente tanto o software como as funcionalidades. Além disso, mostra-se como a conhecida linguagem de especificação orientada para objectos Unified Modeling Language pode ser utilizada para fornecer uma formalização adequada da sua semântica, a fim de descrever aspectos estruturais e comportamentais do sistema de gestão das finanças pessoais em linha relacionados com as partes lógicas e físicas. É necessário implementar o software com base no modelo orientado para os objectos desenvolvido. Os erros no processo de modelação podem contribuir significativamente para os custos e o tempo de desenvolvimento. A eficiência operacional também pode ser afetada. Por conseguinte, deve ser prestada especial atenção à correção dos modelos utilizados a todos os níveis de planeamento, pelo que a Linguagem de Modelação Unificada (UML) desempenha um papel impecável.

Diagrama de casos de utilização

Fig. Diagrama de casos de utilização para registo de livros na gestão de bibliotecas

No diagrama acima, o aluno começa por digitalizar o cartão de identificação para registar a entrada. De seguida, procura o livro de que necessita. Se o livro estiver disponível, leva-o consigo. Dirige-se ao bibliotecário e preenche os dados para pedir o livro emprestado. Em seguida, actualiza os dados da base de dados da biblioteca.

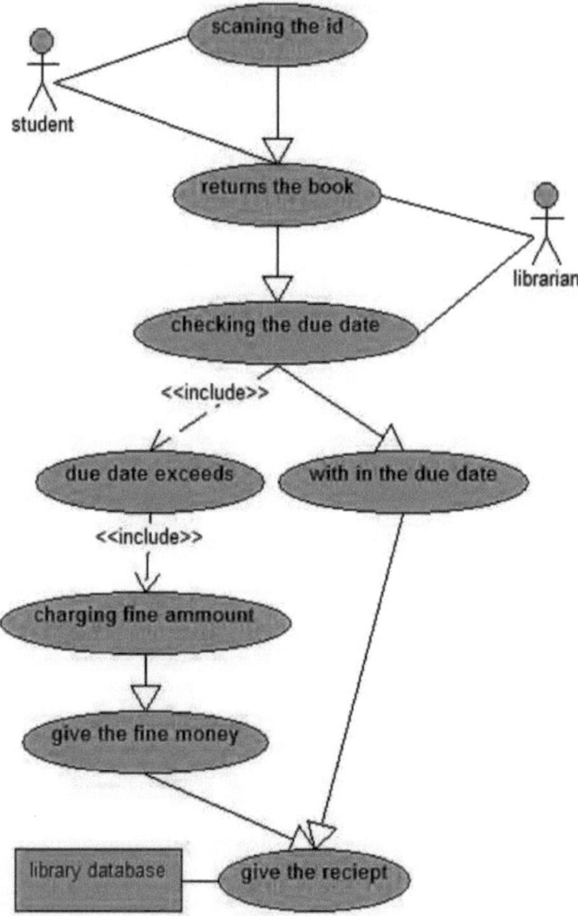

Fig. Diagrama de casos de utilização para a devolução de um livro

Diagrama de interação

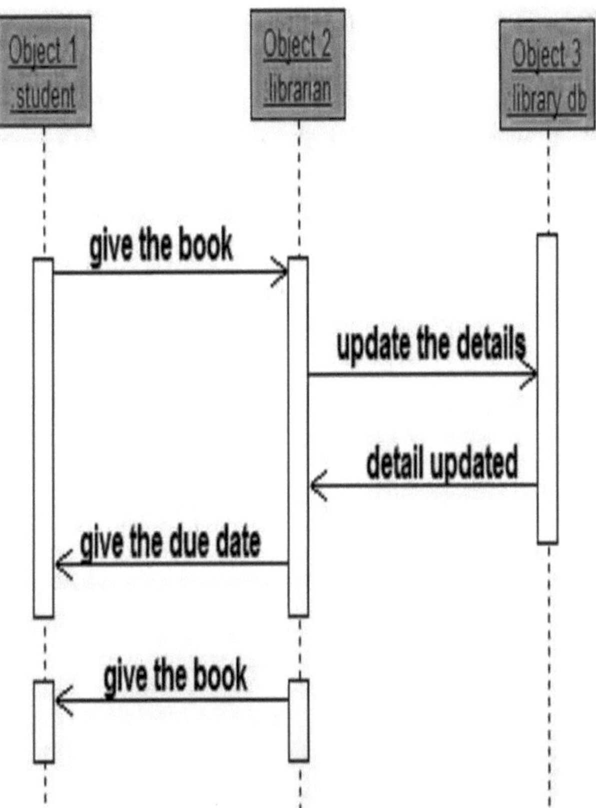

Fig. Diagrama de sequência para retirar um livro

Se o livro estiver disponível, pegue no livro e preencha os dados do livro. Entregue o livro ao bibliotecário e ele dir-lhe-á quando é que o livro deve ser devolvido à biblioteca.

**Diagrama de
actividades**

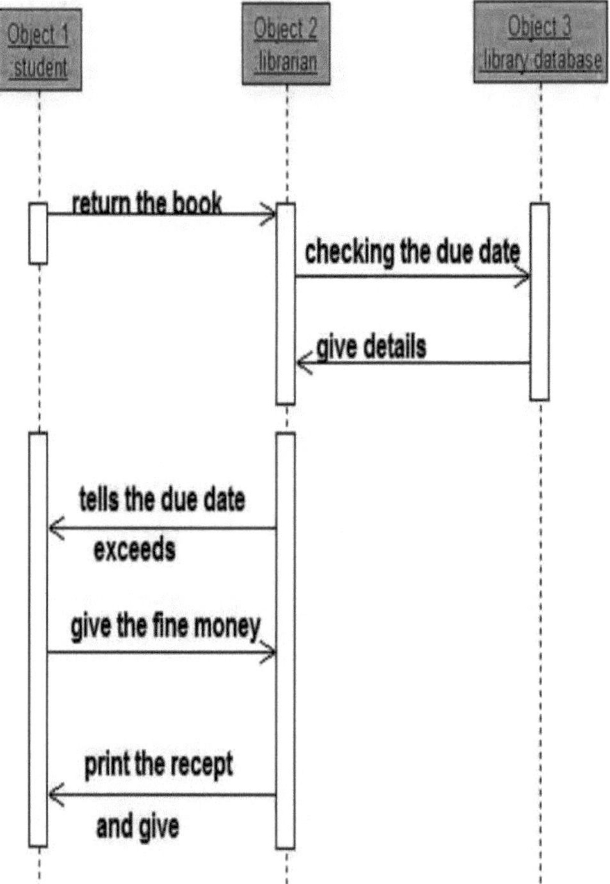

Ilustração. Diagrama de sequência para a devolução de um livro

O diagrama de sequência acima representa o processo de devolução do livro: o aluno vai à biblioteca e entrega o livro ao bibliotecário. O bibliotecário verifica a data de vencimento e, se a data de vencimento for ultrapassada, cobra o dinheiro da multa pela data ultrapassada.

Diagrama de actividades para retirar o livro

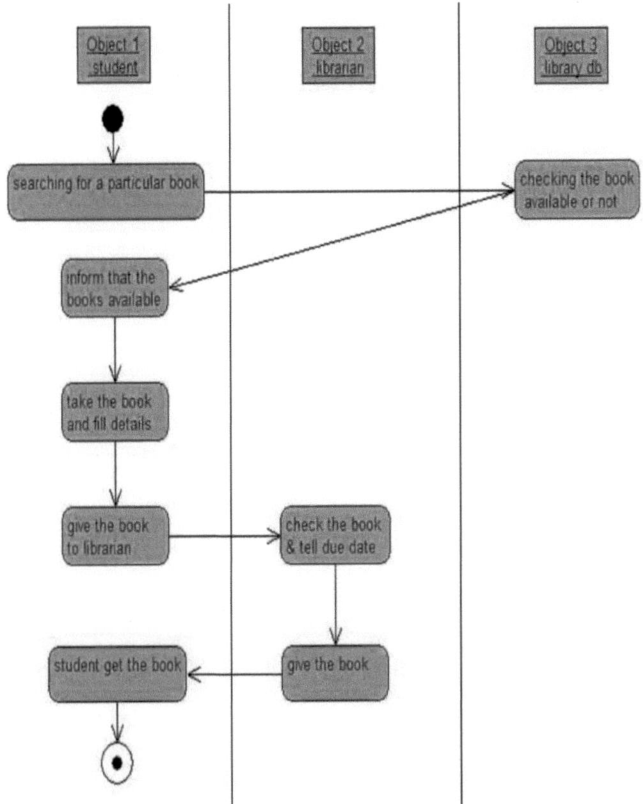

No diagrama acima, o aluno começa por digitalizar o cartão de identificação para registar a entrada. De seguida, procura o livro de que necessita. Se o livro estiver disponível, leva-o consigo. Dirige-se ao bibliotecário e preenche os dados para pedir o livro emprestado.

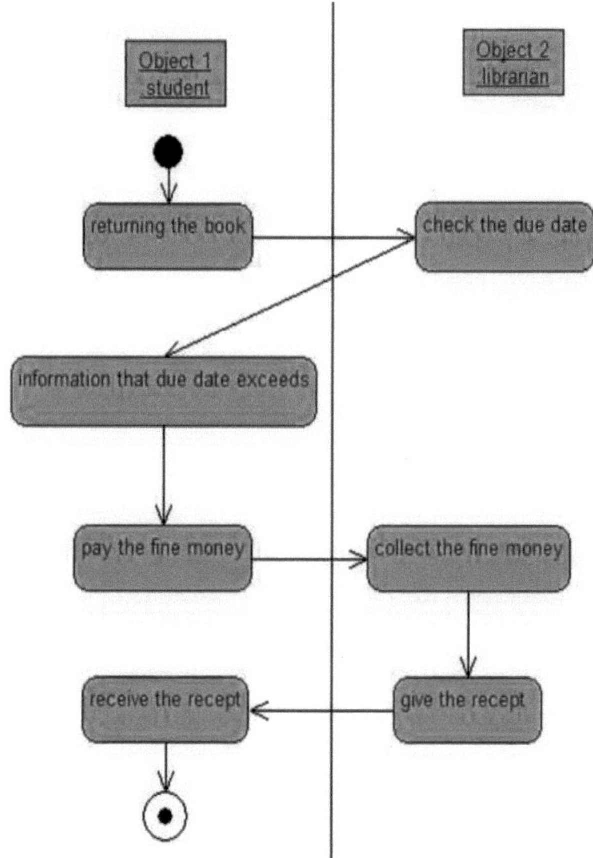

Diagrama de actividades para devolver o livro

Para devolver o livro, o estudante dirige-se à biblioteca e verifica a data de vencimento. Se a data de vencimento for verificada, a data de vencimento expira e, em seguida, informa a data de vencimento.

Capítulo 12
Aplicação de uma estratégia orientada por objectos para a modelação de uma estrutura de gestão turística para bases de dados seguras

Este artigo explora a relação entre os transportes, o turismo e as experiências dos viajantes para fins turísticos. Há mais de 20 anos que se reconhece que os transportes desempenham um duplo papel no turismo: Proporciona acesso e acessibilidade aos destinos e, ao mesmo tempo, é uma atividade turística por direito próprio. Este documento concetual apresenta uma tipologia das experiências de turismo de transportes. Baseia-se em diferentes áreas de investigação, incluindo os transportes e a experiência turística. A metodologia de modelização proposta baseia-se no princípio da orientação por objectos, que permite descrever explicitamente tanto o software como as funcionalidades. Deve ser dada especial atenção à correção dos modelos utilizados a todos os níveis de planeamento, pelo que a Linguagem de Modelação Unificada (UML) desempenha um papel impecável.

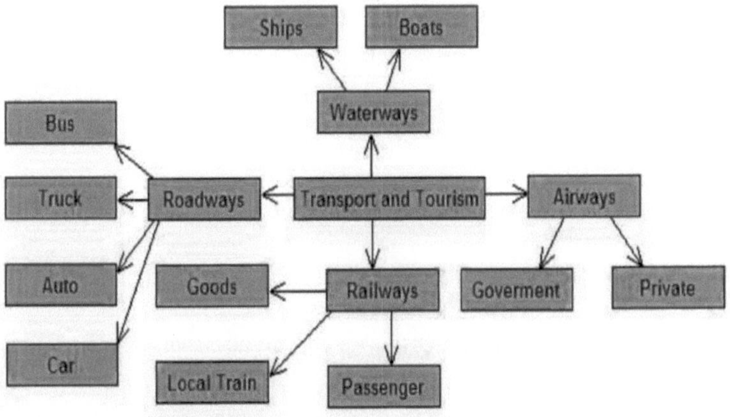

Diagrama de classes para o sistema de gestão de transportes

Abaixo encontram-se os ícones da barra de ferramentas do diagrama de casos de uso. Estes são apresentados na parte superior da janela do editor do diagrama de casos de uso.

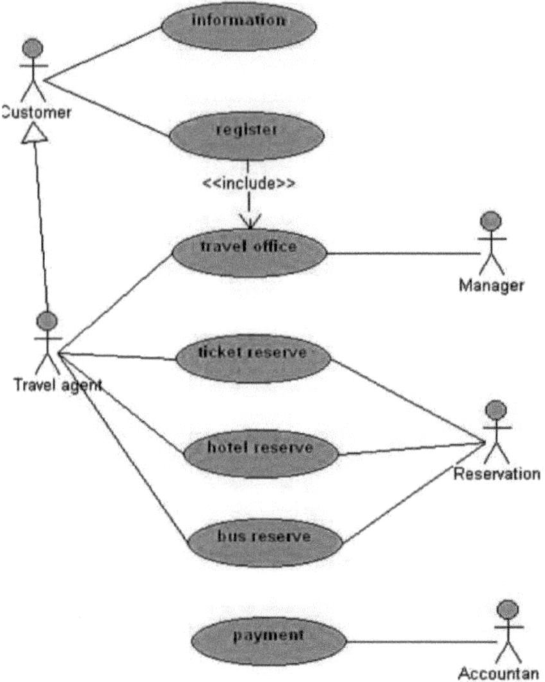

Diagrama de casos de utilização para a reserva de hotel e bilhete de autocarro

O cliente fornece as informações à agência de viagens para reservar o hotel e o bilhete de autocarro e regista-as junto do gestor da agência de viagens. Na agência de viagens, o agente de viagens reserva o bilhete e o hotel para a estadia e o autocarro para a viagem. A agência de viagens informa o cliente dos pormenores do pagamento. O cliente paga o montante ao departamento de contabilidade da agência de viagens. A agência de viagens fornece os dados do bilhete e do hotel.

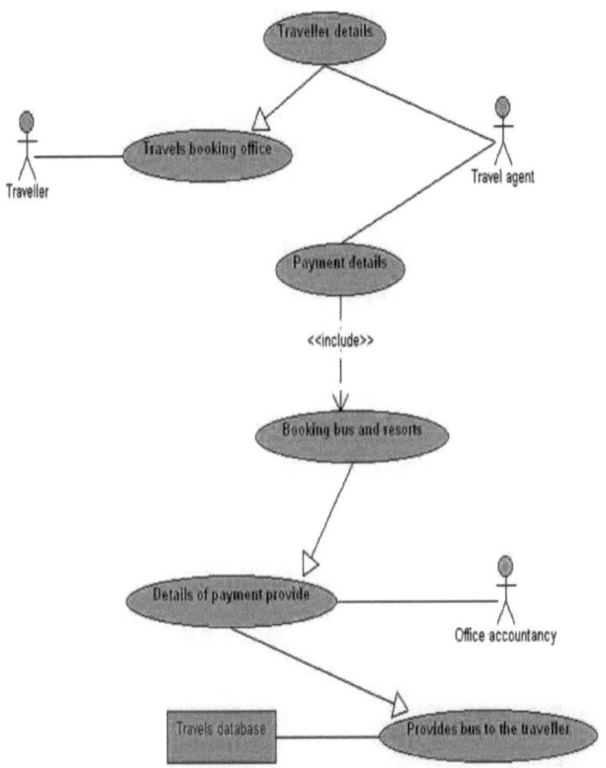

Fig. Diagrama de casos de utilização para reserva de autocarro

O diagrama de casos de uso acima dá uma visão geral de um viajante que precisa de um autocarro e de um destino de férias. O viajante contacta a agência de viagens para reservar o autocarro e o destino de férias. O viajante fornece à agência de viagens os seus dados, tais como nome, endereço e informações de contacto sobre o viajante, se disponíveis. A agência de viagens informa o viajante dos pormenores de pagamento. Os pormenores de pagamento incluem o pagamento do autocarro e das estâncias. O cliente paga o montante ao departamento de contabilidade da agência de viagens. A

A agência de viagens fornece o autocarro e as estâncias ao viajante. O pagamento de cada viajante é mantido atualizado na base de dados de viagens.

Diagrama de interação

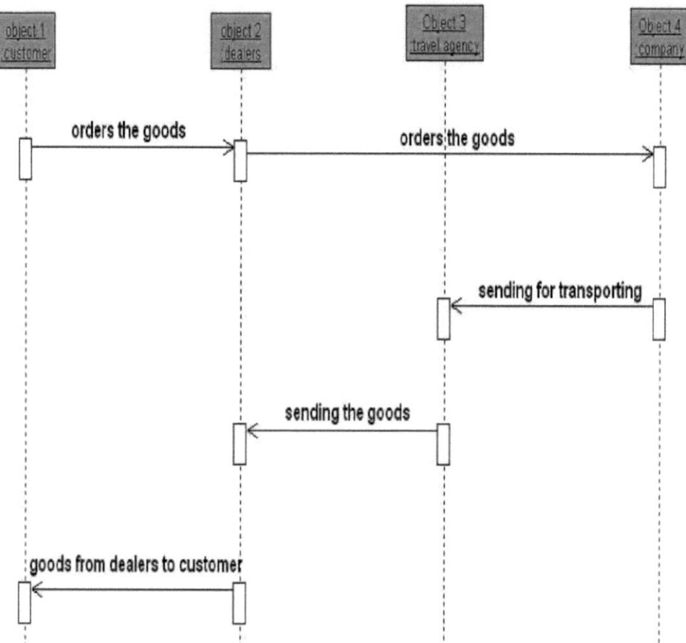

Fig. Diagrama de sequência para encomenda de mercadorias

O diagrama de sequência acima dá uma visão geral do sistema de gestão de transportes e turismo. O cliente precisa de algumas mercadorias para uso doméstico, pelo que contacta a empresa para comprar mercadorias através dos retalhistas. O cliente encomenda as mercadorias aos retalhistas. Os retalhistas contactam a empresa e encomendam à empresa as mercadorias pedidas pelo cliente. A empresa fabrica as mercadorias encomendadas pelos retalhistas. Uma vez fabricadas, as mercadorias são entregues ao retalhista através da agência de viagens. A agência de viagens envia as mercadorias para os retalhistas por veículo. O retalhista recebe as mercadorias e entrega-as ao cliente que as encomendou. O cliente recebe as mercadorias dos retalhistas.

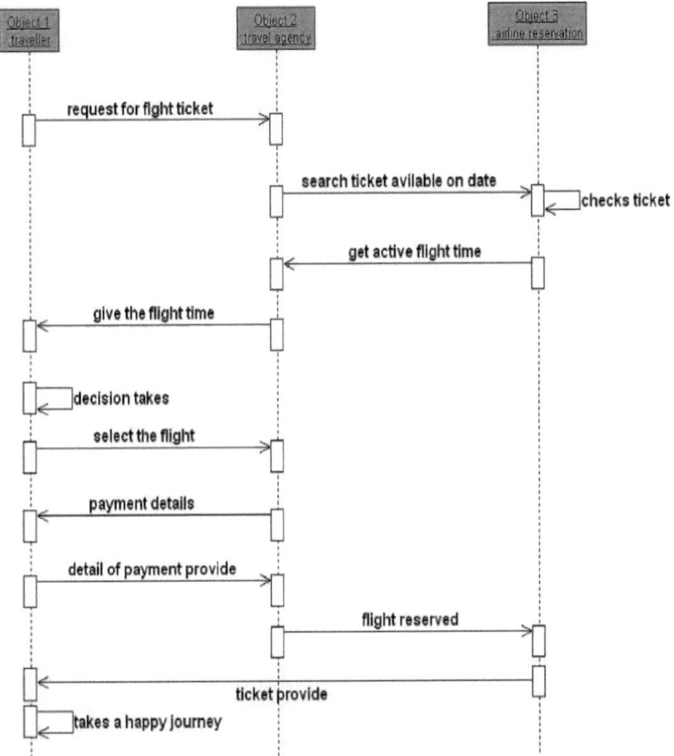

Fig. Diagrama de sequência para a reserva de uma companhia aérea

O viajante pede à agência de viagens que reserve um bilhete de avião para uma data específica. A agência de viagens procura um bilhete de avião disponível para uma data específica solicitada pelo viajante. Verifica o bilhete na reserva de voo e, se o bilhete estiver disponível para a data, a agência de viagens indica ao viajante a hora do voo disponível para essa data. O viajante toma a decisão e seleciona a hora do voo para a sua viagem. A agência de viagens informa o viajante dos pormenores de pagamento. O viajante paga à agência de viagens o montante do bilhete que reservou. A agência de viagens confirma o bilhete e coloca-o à disposição do viajante. O viajante recebe o bilhete e faz uma boa viagem.

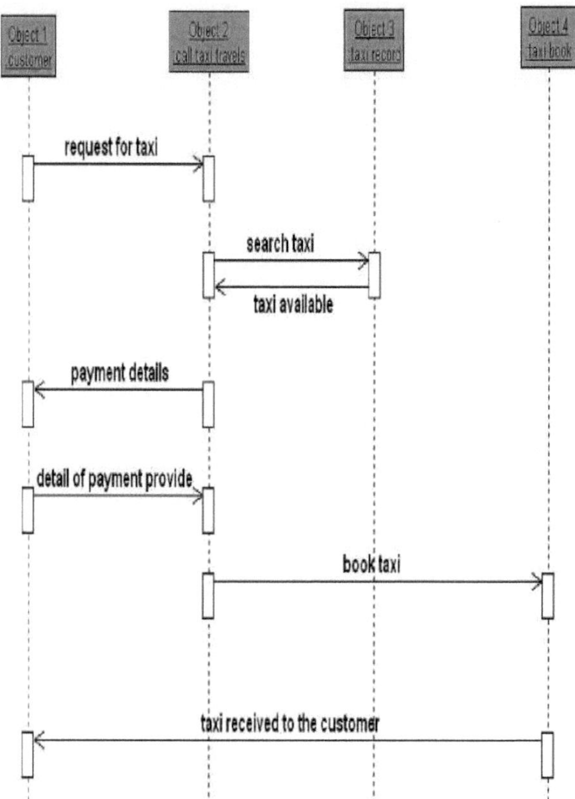

Fig. Fluxograma para pedir um táxi

O cliente precisa de um táxi para se deslocar ao local em questão. Por isso, contacta
um táxi de serviço para reservar um táxi. O táxi de serviço procura
no registo de dados do táxi um táxi disponível ou não disponível. Se o táxi estiver disponível em

o registo de dados, transmite os dados de pagamento ao cliente. O cliente paga o montante ao serviço de táxis a pedido. O serviço de transporte reserva o táxi e envia-o ao cliente que o reservou. O cliente recebe o táxi e desloca-se ao local em causa.

Diagrama de actividades

O diagrama de actividades representa principalmente as sequências de processos registadas no sistema. O diagrama de sequência representa principalmente a interação entre diferentes objectos. É organizado cronologicamente, ou seja, uma interação precisa entre objectos é mostrada passo a passo. Um diagrama de sequência descreve o comportamento de vários objectos num único caso de utilização. Os diagramas de actividades são adequados para visualizar a sequência geral de acções de vários objectos e casos de utilização. Os diagramas de actividades não são diagramas dinâmicos e são utilizados para visualizar o fluxo de trabalho do software. O diagrama de sequência é a linha de vida do objeto e é uma modelação dinâmica.

O viajante dirige-se à agência de viagens para reservar o bilhete de avião. A agência de viagens verifica se há um bilhete de avião disponível para a data solicitada pelo viajante. A agência de viagens recebe o tempo de voo ativo e informa o viajante do tempo de voo. O viajante recebe as informações sobre o voo. O viajante é informado do pagamento do montante do bilhete e dos pormenores de pagamento. Depois de o cliente ter pago o montante, o voo é reservado. A agência de viagens fornece o voo

Bilhete para o viajante. O viajante recebe então o bilhete e parte para uma viagem feliz.

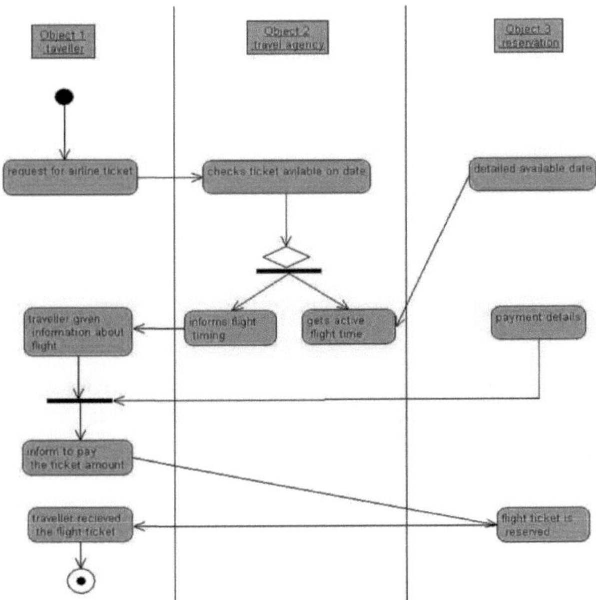

Diagrama de actividades para reserva de bilhetes

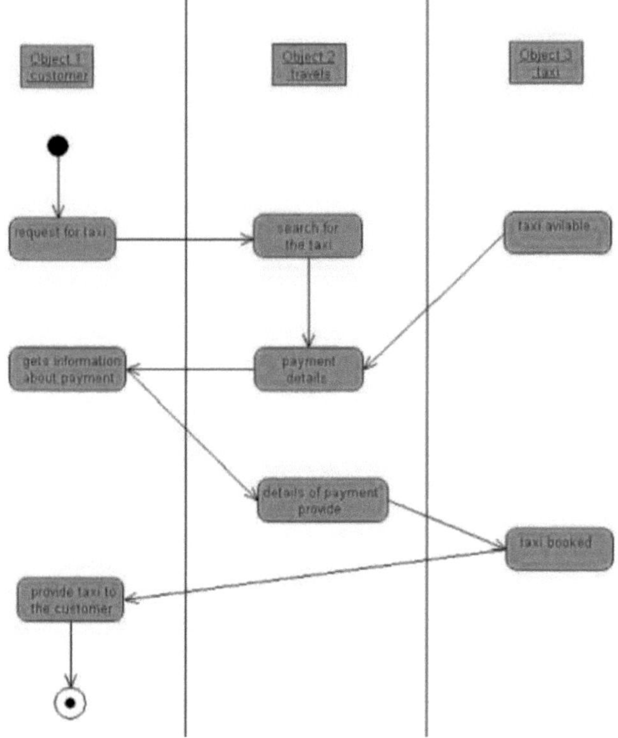

Diagrama de actividades para reservas de táxis

O cliente precisa de um táxi para se deslocar ao local em questão. Por isso, contacta um táxi de serviço para reservar um táxi. O táxi de serviço procura um táxi que pode ou não estar disponível no registo de táxis. Se o táxi estiver disponível na lista, transmite os dados de pagamento ao cliente. O cliente paga o montante ao táxi de serviço. O serviço de transporte reserva o táxi e envia-o ao cliente que o reservou. O cliente recebe o táxi e desloca-se para o local em causa.

Capítulo 13

Modelação da relação entre entidades de um
sistema automatizado
de gestão de passaportes

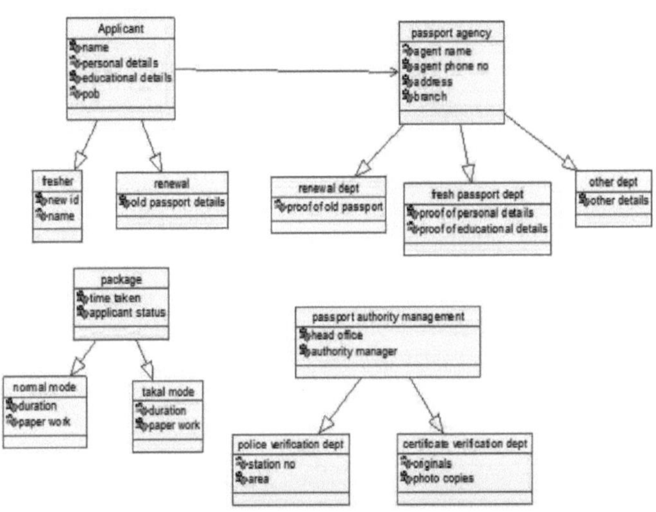

A tese propõe uma série de diagramas baseados no princípio da orientação por objectos que descrevem as funcionalidades de diferentes perspectivas. Os diagramas representam os aspectos funcionais, comportamentais e estruturais do sistema de passaporte automatizado. A metodologia de modelização proposta baseia-se no princípio da orientação por objectos, que permite descrever explicitamente tanto o software como as funcionalidades. Além disso, ilustra a forma como a conhecida linguagem de especificação orientada para os objectos Unified Modeling Language pode ser utilizada para fornecer uma formalização adequada da sua semântica, a fim de descrever os aspectos estruturais e comportamentais do sistema de gestão da base de dados de smartphones relacionados com as partes lógicas e físicas. É necessário implementar o software com base no modelo orientado para os objectos desenvolvido. Os erros no processo de modelação podem contribuir significativamente para os custos e o tempo de desenvolvimento. A eficiência operacional também pode ser afetada. Neste caso, é dada especial atenção à fase de planeamento, que também se estende à fase de implementação do trabalho.

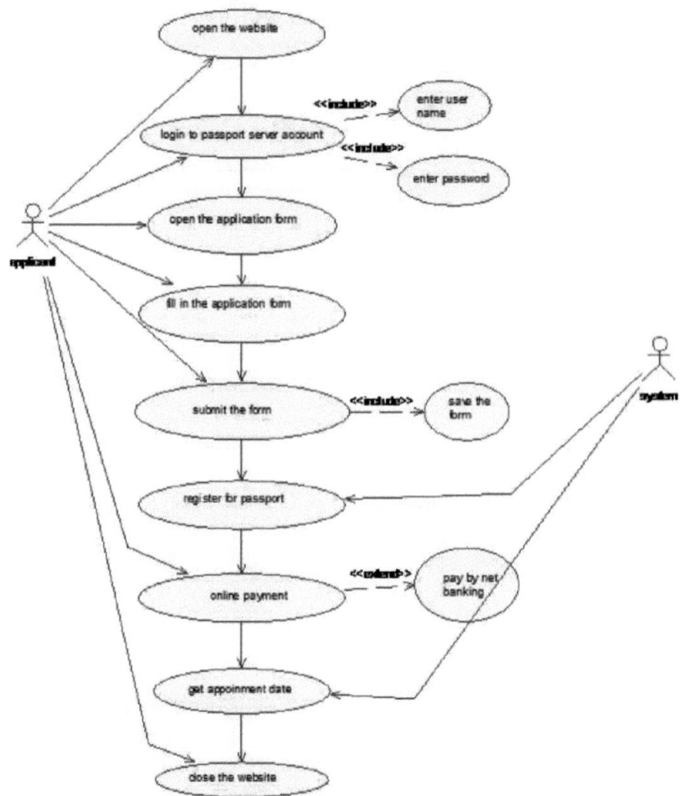

Fig. Diagrama de casos de utilização para um sistema de passaporte automatizado

Capítulo 14

Uma abordagem orientada por objectos para a modelação de sistemas de gestão de livros de biblioteca

Esta tese analisa a relação entre os estudantes e a biblioteca. Verificou-se que a gestão da biblioteca desempenha um papel importante na aprendizagem dos estudantes. A metodologia de modelização proposta baseia-se no princípio da orientação para objectos, que permite descrever explicitamente o software e as funcionalidades. Além disso, ilustra a forma como a conhecida linguagem de especificação orientada para objectos Unified Modeling Language pode ser utilizada para fornecer uma formalização adequada da sua semântica para descrever aspectos estruturais e comportamentais do sistema de gestão das finanças pessoais em linha relacionados com as partes lógicas e físicas. É necessário implementar o software com base no modelo orientado para os objectos desenvolvido. Os erros no processo de modelação podem contribuir significativamente para os custos e o tempo de desenvolvimento. A eficiência operacional também pode ser afetada. Por conseguinte, deve ser prestada especial atenção à correção dos modelos utilizados a todos os níveis de planeamento, pelo que a Linguagem de Modelação Unificada (UML) tem um papel impecável a desempenhar.

Diagrama de classes

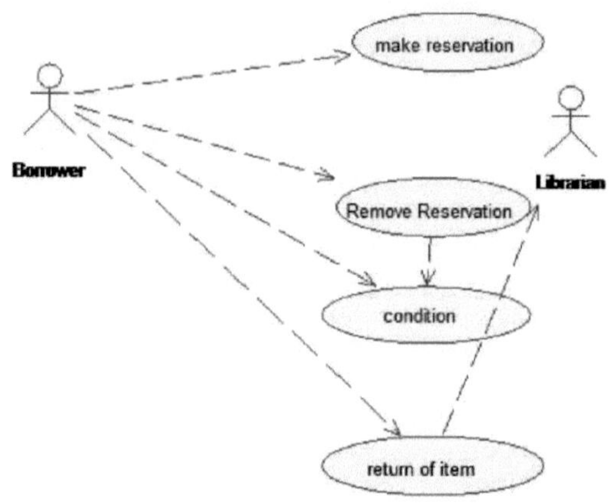

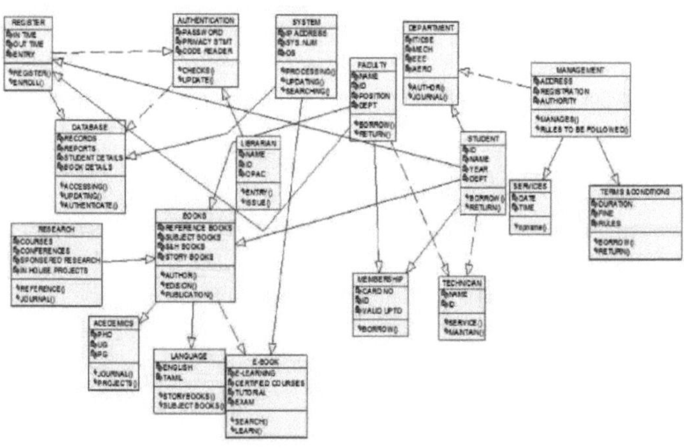

Fig. Diagrama de casos de utilização para o sistema de reservas para mutuários

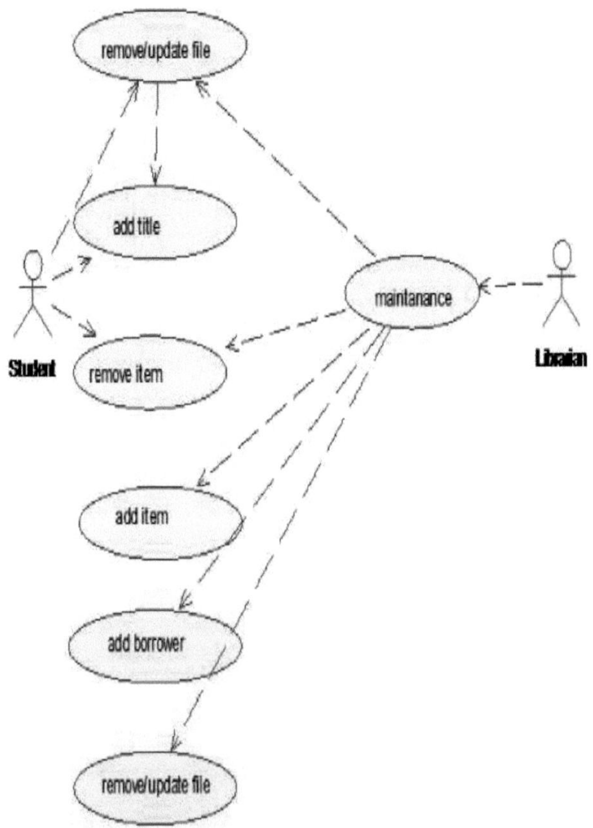

Figura. Diagrama de casos de utilização para o sistema de gestão de bibliotecas

Diagrama de interação

O diagrama abaixo mostra a sequência de eventos que ocorrem quando um estudante se candidata à administração da universidade para ser admitido e, se um determinado estudante for admitido, tem de pagar propinas para obter a admissão.

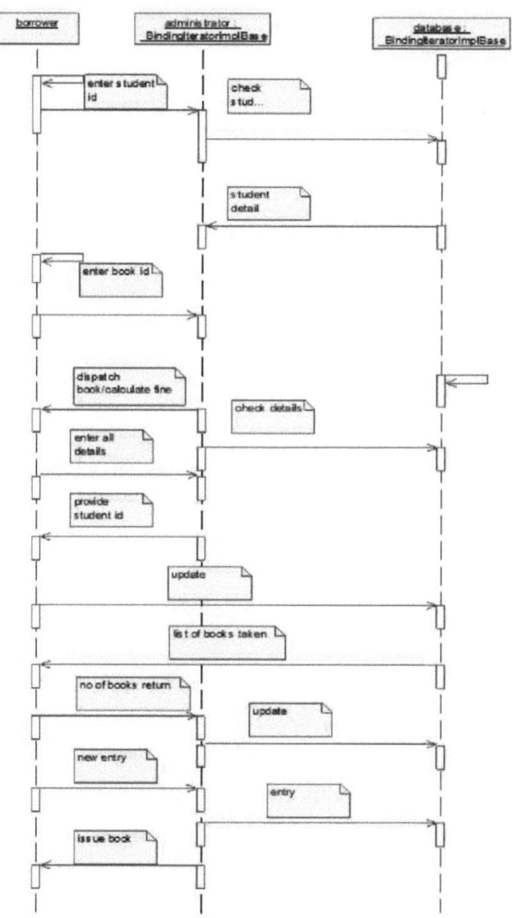

Ilustração. Diagrama de sequência para a produção de um livro

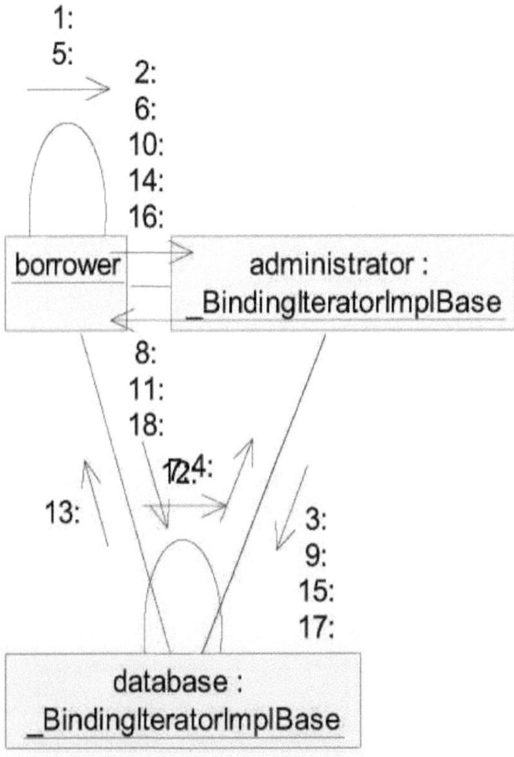

Ilustração. Diagrama de colaboração para a produção de um livro

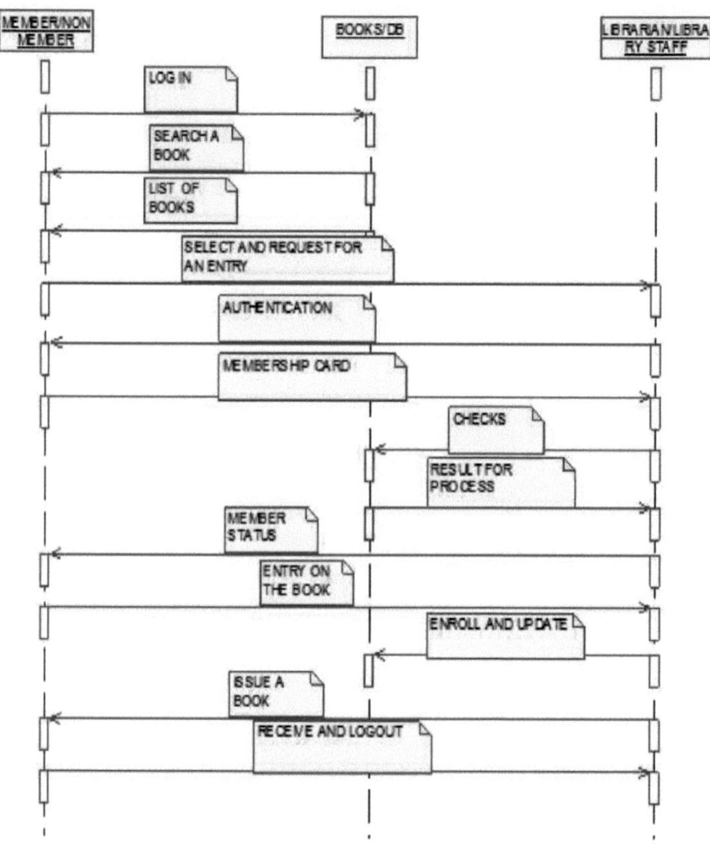

Fig. Diagrama de sequência para a pesquisa de livros

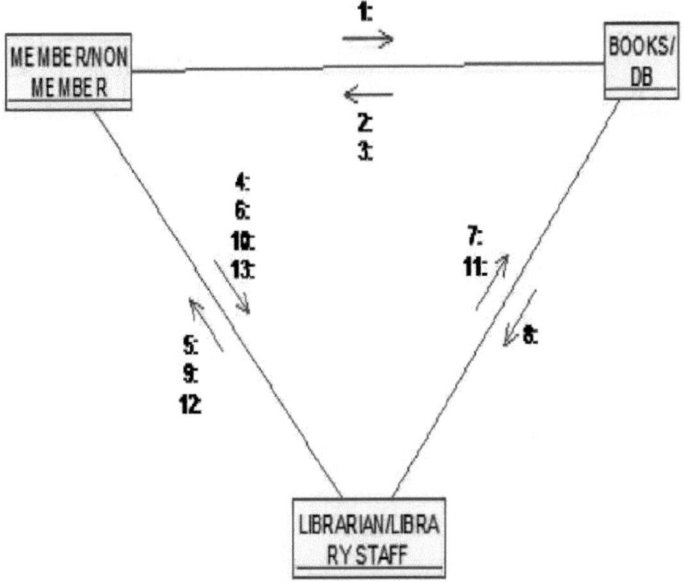

Diagrama de colaboração para pesquisa de livros

Capítulo 15

**Uma nova conceção orientada por objectos para um
sistema automatizado
de gestão de bancos de livros**

A tese propõe uma série de diagramas baseados no princípio da orientação por objectos que descrevem as funcionalidades de diferentes perspectivas. Os diagramas representam os aspectos funcionais, comportamentais e estruturais do sistema de passaporte automatizado. A metodologia de modelização proposta baseia-se no princípio da orientação por objectos, que permite descrever explicitamente tanto o software como as funcionalidades. Além disso, ilustra a forma como a conhecida linguagem de especificação orientada para os objectos Unified Modeling Language pode ser utilizada para fornecer uma formalização adequada da sua semântica, a fim de descrever os aspectos estruturais e comportamentais do sistema de gestão da base de dados de smartphones relacionados com as partes lógicas e físicas. É necessário implementar o software com base no modelo orientado para os objectos desenvolvido. Os erros no processo de modelação podem contribuir significativamente para os custos e o tempo de desenvolvimento. A eficiência operacional também pode ser afetada. Neste caso, é dada especial atenção à fase de planeamento, que também se estende à fase de implementação do trabalho.

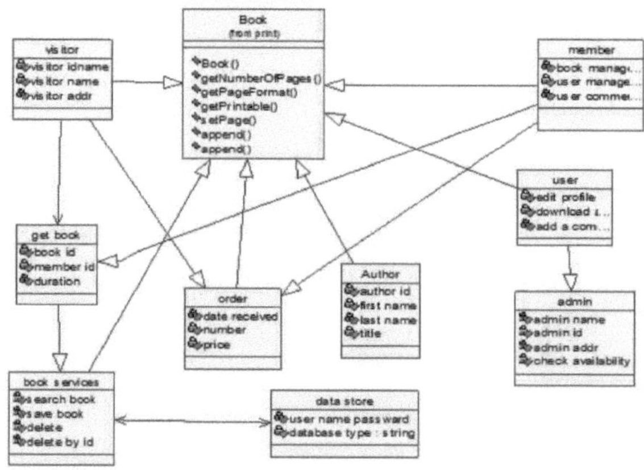

Diagrama de casos de utilização

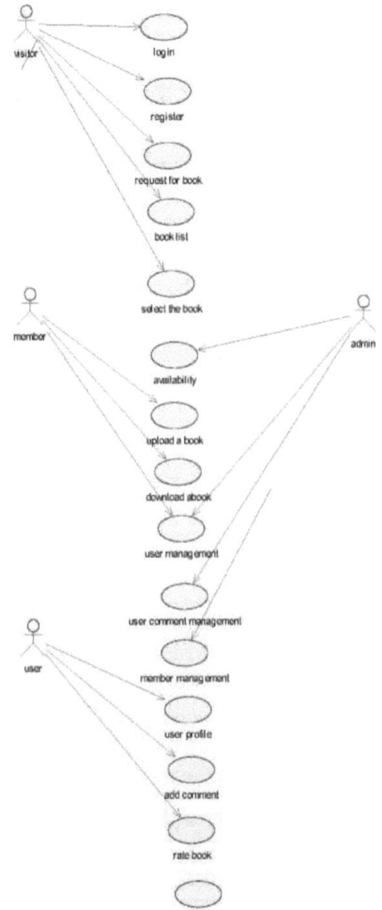

Fig. Diagrama de casos de utilização para o sistema automatizado de base de dados de livros

Capítulo 16

**Estratégia orientada para a modelação dos
sistemas de gestão de auditorias**

A tese propõe uma série de diagramas baseados no princípio da orientação por objectos que descrevem as funcionalidades de diferentes perspectivas. Os diagramas representam os aspectos funcionais, comportamentais e estruturais do sistema de gestão da auditoria.

A metodologia de modelização proposta baseia-se no princípio da orientação por objectos, que permite descrever explicitamente tanto o software como as funcionalidades. Além disso, ilustra a forma como a conhecida linguagem de especificação orientada para objectos Unified Modeling Language pode ser utilizada para fornecer uma formalização adequada da sua semântica para descrever os aspectos estruturais e comportamentais do sistema de gestão da base de dados de smartphones em termos de partes lógicas e físicas. É necessário implementar o software com base no modelo orientado para os objectos desenvolvido. Os erros no processo de modelação podem contribuir significativamente para os custos e o tempo de desenvolvimento. A eficiência operacional também pode ser afetada. Neste caso, é dada especial atenção à fase de planeamento, que também se estende à fase de implementação do trabalho.

Diagrama de classes para o sistema de gestão de exames

Diagrama de casos de utilização

Diagrama de sequência para a reserva da administração do exame

Sistema

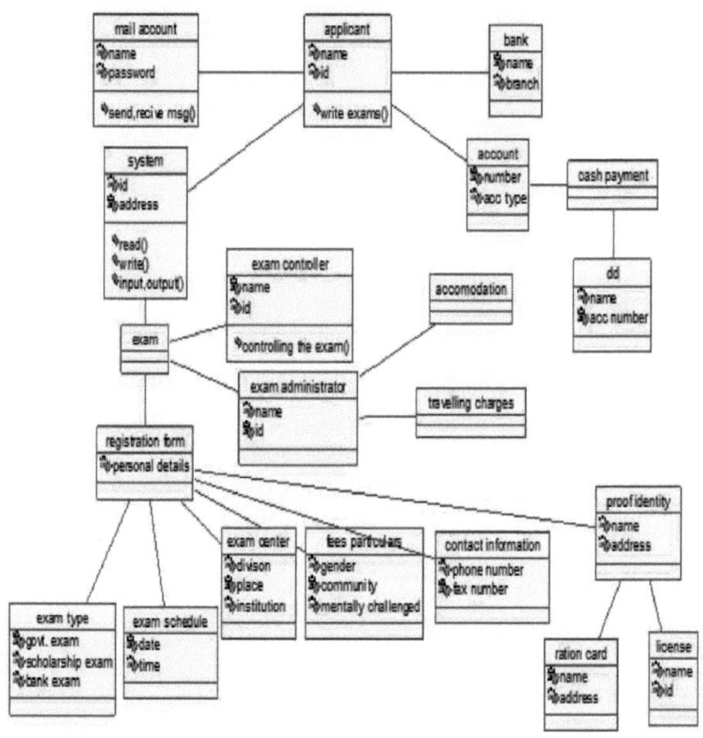

Fig. Diagrama de casos de utilização para o
sistema de reservas para a administração de exames

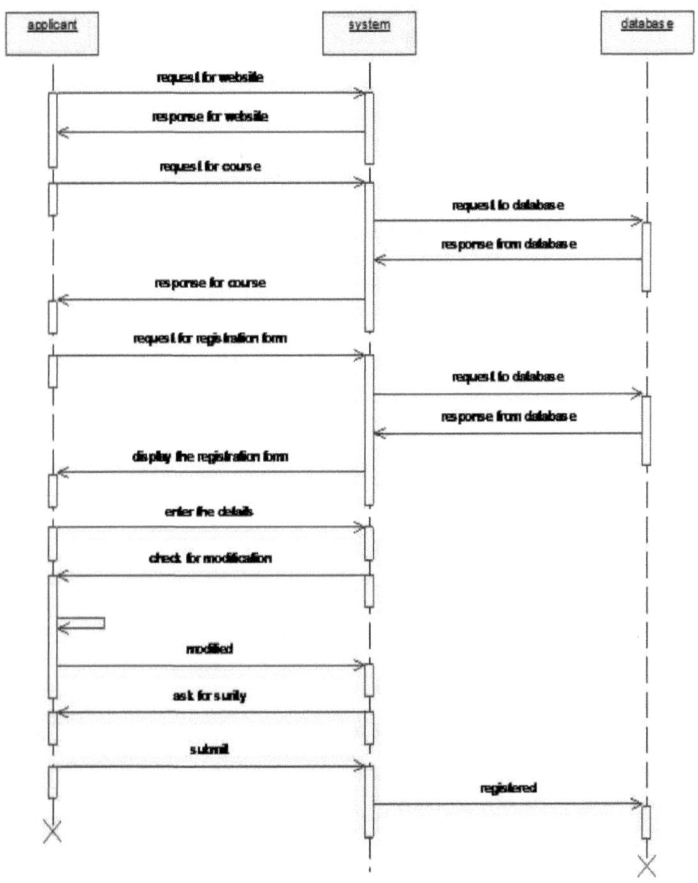

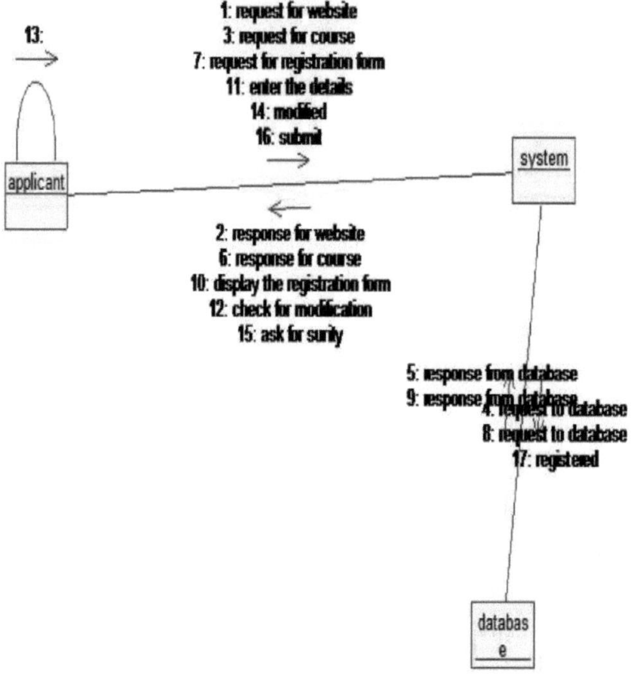

Ilustração.
Diagrama de colaboração para o
sistema de reserva de administração de exames

Capítulo 17
Um novo modelo dinâmico orientado para objectos para um
sistema automatizado
de gestão de cartões de crédito

O objetivo do trabalho é utilizar uma linguagem de modelização que forneça um quadro unificado para a representação de sistemas de gestão de finanças pessoais em linha. A metodologia de modelação proposta baseia-se no princípio da orientação para objectos [3], que pode ser utilizado para descrever software e funcionalidades. Além disso, ilustra o modo como a conhecida linguagem de especificação orientada para objectos Unified Modeling Language pode ser adoptada para fornecer uma formalização adequada da sua semântica para descrever aspectos estruturais e comportamentais do sistema de gestão das finanças pessoais em linha relacionados com as partes lógicas e físicas. É necessário implementar o software com base no modelo orientado para os objectos desenvolvido. Os erros no processo de modelação podem contribuir significativamente para os custos e o tempo de desenvolvimento. A eficiência operacional também pode ser afetada. Por conseguinte, deve ser dada especial atenção à correção dos modelos utilizados em todos os níveis de planeamento, pelo que a Linguagem de Modelação Unificada (UML) [4] desempenha um papel importante.

Diagrama de classes

O cliente efectua as suas transacções bancárias com a instituição financeira através do seu sítio Web e da Internet. Ambos utilizam um computador para a comunicação. Os cartões de crédito são emitidos aos clientes através das empresas de cartões de crédito, que, por sua vez, se associam para formar cooperativas de crédito. Um cliente pode ter vários cartões de crédito de diferentes empresas.

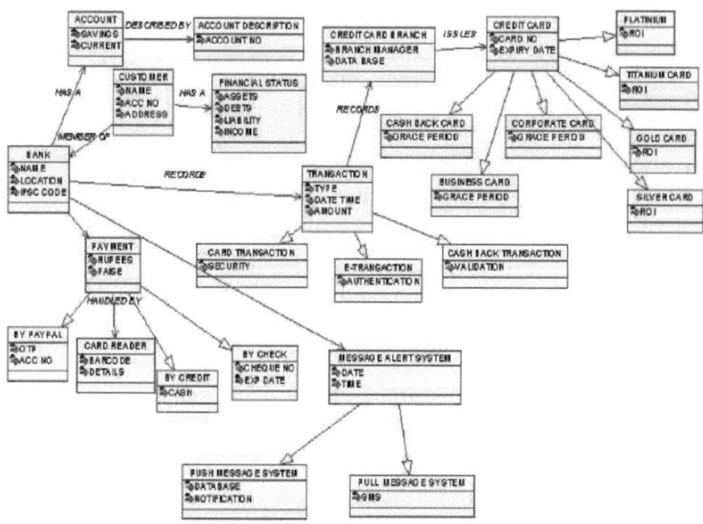

Ilustração. Diagrama de classes para um sistema de gestão de cartões de crédito
As instituições financeiras oferecem aos seus clientes a possibilidade de deterem uma conta. Um cliente pode ser titular de várias contas em diferentes

Instituições. Estas contas são agrupadas em agregados de contas, o que constitui outra opção oferecida pela instituição financeira. As contas de estudantes e as contas de pensões são um tipo de conta (herdado da classe de conta). O cliente pode ser titular destas contas se tiver a autorização adequada. O cliente pode efetuar transferências para um credor da sua escolha após validação dos números de conta. O cliente pode efetuar operações se tiver uma conta válida na instituição. Pode igualmente efetuar operações cambiais, que são a forma de transação herdada. O cliente pode verificar o estado da transação que efectuou (planeada, processada ou pendente). Com base neste estado, o cliente pode obter informações sobre a conclusão da transação. O cliente pode também consultar o historial da conta. O cliente pode efetuar pagamentos de qualquer tipo (múltiplos, recorrentes, por correio eletrónico, por via eletrónica ou por cheque, conforme desejar). O cliente também pode pagar facturas (facturas electrónicas/facturas em atraso) em linha. A instituição financeira emite um alerta para as facturas em atraso. O alerta pode ser enviado pela Internet ou por correio eletrónico. A instituição financeira emite recibos de confirmação de pagamento de facturas para o ID de correio eletrónico do cliente. Se o cliente não preferir o pagamento em linha, a instituição financeira emite um cheque. O cliente pode contrair hipotecas em linha através das agências de corretagem. Pode participar em leilões. A instituição financeira oferece facilidades de crédito de acordo com a validade das informações fornecidas. Os empréstimos incluem empréstimos para habitação, empréstimos para aquisição de acções, empréstimos para trabalhadores e empréstimos para educação. A calculadora de planeamento financeiro, que é uma facilidade requintada fornecida pela instituição financeira, fornece o crescimento da taxa de juro e o montante que o cliente tem nas suas acções. A instituição financeira oferece um serviço de apoio ao cliente para resolver facilmente quaisquer problemas enfrentados pelos clientes. Proporciona segurança aos clientes, alterando regularmente a identificação do utilizador e a palavra-passe, a pedido do cliente. Garante também a proteção da privacidade contra o assédio e assegura a privatização das informações dos clientes. A Fig. 1 (em anexo) ilustra esta situação.

Diagrama de casos de utilização

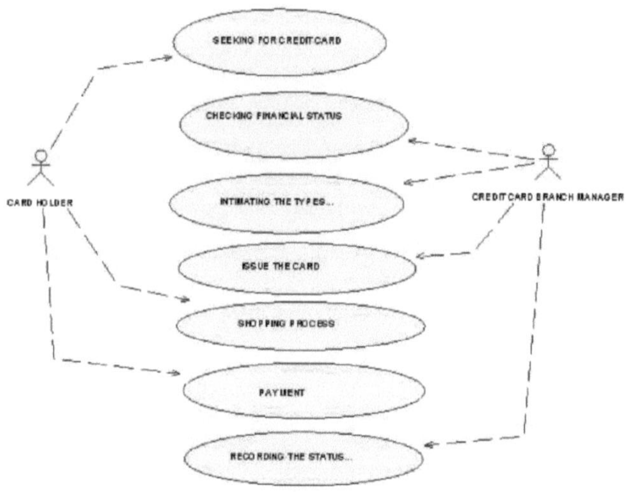

Ilustração. Diagrama de casos de utilização para o sistema de gestão de cartões de crédito

É tentador pensar na estrutura de um documento de caso de utilização como um precursor da estrutura do software que representa. No entanto, provavelmente não é esse o caso. Os casos de uso são estruturados para minimizar a redundância textual. Embora este seja um objetivo louvável, não tem nada a ver com considerações de conceção de software. Por conseguinte, a estrutura dos casos de utilização não está relacionada com a estrutura do software resultante. Os casos de utilização não representam objectos ou classes nas concepções subsequentes. As relações entre os casos de utilização não têm qualquer influência sobre as relações na conceção do software. A estrutura dos casos de uso e a estrutura do software não têm nada a ver uma com a outra. Os diagramas de casos de uso não dizem muito. Eles transmitem a estrutura dos casos de uso, mas dizem pouco sobre o texto dentro deles. Como tal, não são documentos particularmente interessantes quando separados das suas descrições textuais. Na melhor das hipóteses, os diagramas fornecem um bom roteiro de relações para que o leitor possa reconstruir todo o texto de um determinado cenário seguindo as relações "uses" e "extends", inserindo o texto do primeiro e modificando o texto de acordo com o segundo. Os casos de utilização são ferramentas poderosas para os analistas particionarem a funcionalidade de um sistema. As relações de casos de utilização e os diagramas correspondentes ajudam os analistas a estruturar os casos de utilização de modo a que as suas descrições textuais contenham um mínimo de informações redundantes, o que facilita muito a manutenção de todo o documento de texto. No entanto, os casos de uso não são ferramentas de design. Não especificam a estrutura do futuro software, nem implicam a existência de classes ou objectos. São descrições puramente funcionais escritas num formalismo que é completamente separado do design do software.

Diagrama de interação

Registo de clientes

Para efetuar operações bancárias em linha, o cliente acede ao sítio Web do banco. O sítio Web do banco solicita as informações sobre a conta do cliente, tais como o número e os dados da conta. Depois de o cliente ter fornecido as informações corretas, o computador do banco liga para o serviço de apoio ao cliente do banco, que verifica a validade das informações. Em seguida, concede ou recusa a autorização ao cliente. Uma vez concedida a autorização, o sítio Web do banco solicita ao cliente uma identificação de utilizador e uma palavra-passe para efetuar a transação em linha.

Depois de o cliente ter fornecido as informações necessárias, o serviço de apoio ao cliente guarda as informações introduzidas na base de dados do banco. A mensagem entre o computador central do banco e o serviço de apoio ao cliente é sincronizada, uma vez que o computador só pode enviar as informações solicitadas ao cliente depois de o serviço de apoio ao cliente ter respondido. As mensagens entre o cliente e o computador são assíncronas, uma vez que o cliente pode ou não utilizar as opções oferecidas.

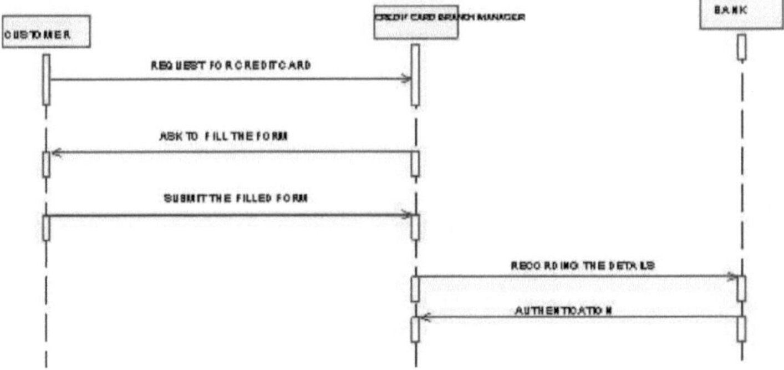

Ilustração. Diagrama de sequência para registo de clientes no sistema de gestão de cartões de crédito

Transação efectuada

Depois de o cliente ter selecionado a opção para a transação, o sítio Web do banco oferece-lhe a oportunidade de efetuar a transação. Mais uma vez, o cliente fornece a identificação de utilizador e a palavra-passe para verificação pelo serviço de apoio ao cliente e o acesso é concedido ou recusado.

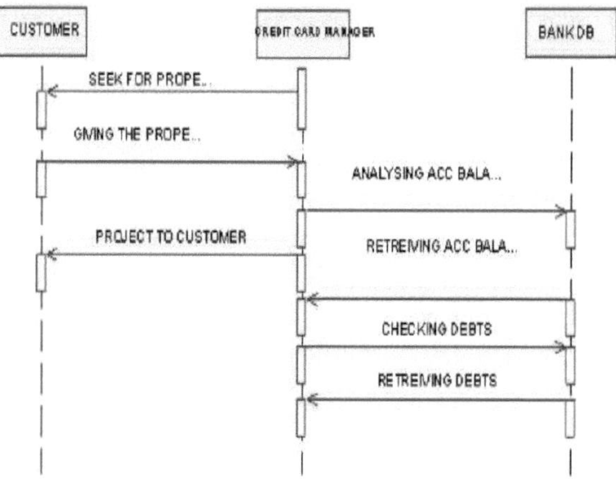

Ilustração. Diagrama de sequência para a execução de transacções no sistema de gestão de cartões de crédito

O serviço de apoio ao cliente verifica o saldo mínimo, caso o cliente pretenda transferir dinheiro de uma conta para outra ou efetuar pagamentos Existe sempre uma opção para o cliente alterar a sua palavra-passe no sítio Web do banco.

O cliente pode utilizar esta opção ou não e, se a utilizar, a nova informação é armazenada na base de dados do banco. A opção de "feedback" do cliente é também sempre uma opção do lado do banco, à qual o cliente pode responder ou não. O cliente pode anular a sua inscrição se assim o desejar. Isto é ilustrado nas Fig. 7 e Fig. 8.

Efetuar pagamentos

O cliente inicia a sessão e a instituição financeira verifica se o registo é válido. O banco envia uma fatura para o endereço eletrónico do cliente. O cliente efectua o pagamento ao credor. Depois de o credor ter recebido o pagamento, a instituição financeira emite um recibo para o cliente. O cliente tem a opção de visualizar o estado da transação. O cliente pode terminar a sessão nesta altura e a instituição financeira suspenderá todas as actividades relacionadas com a conta.

Ilustração. Diagrama de sequência para efetuar pagamentos no
sistema de gestão de cartões de crédito

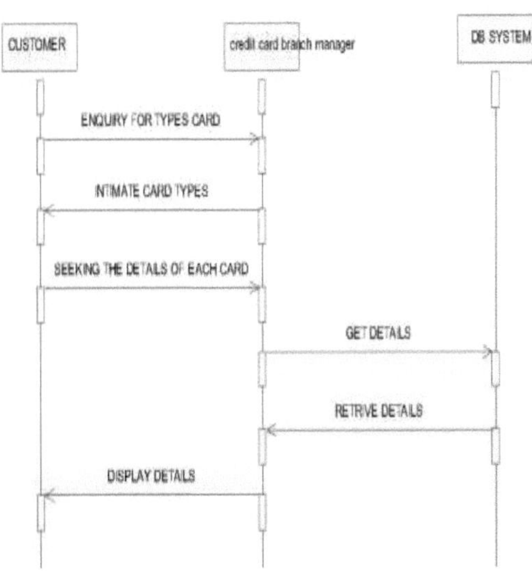

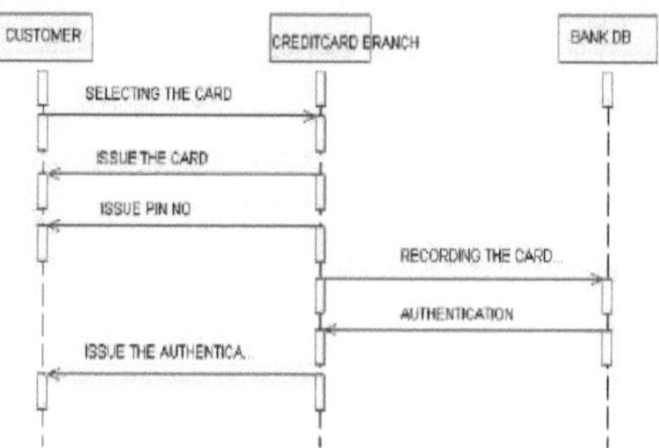

Ilustração. Diagrama de sequência para o registo de operações no sistema de gestão de cartões de crédito

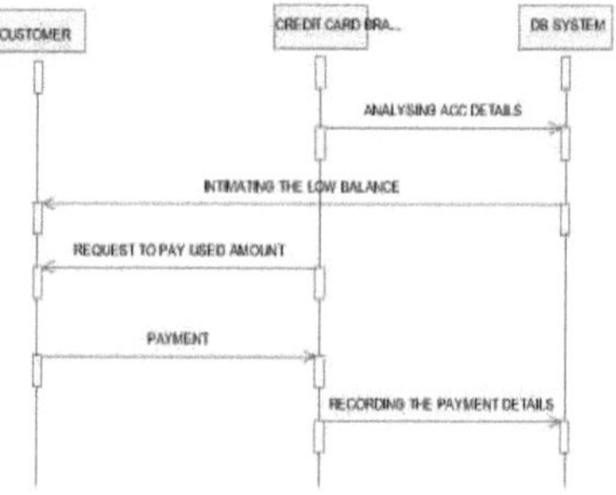

Ilustração. Diagrama de sequência para apresentação de um saldo baixo no sistema de gestão de cartões de crédito

Referências

[1]   [3]B.Powmeya , Nikita Mary Ablett ,V.Mohanapriya,S.Balamurugan, "An Object Oriented approach to Model the secure Health care Database systems, "In proceedings of International conference on computer, communication & signal processing(IC SP)in association with IETE students forum and the society of digital information and wireless communication,SDIWC,2011,pp.2-3

[2]   Conrad Bock, Instituto Nacional de Normas e Tecnologia dos EUA, "UML 2 Composition Model", Journal of Object Technology, Vol.3, No.10, 2007

[3]   Thomas M. Atwood, "The argument for object-oriented databases" IEEE Spectrum, 0018-9235/91/ 0002-004, pp. 44-48, 2007

[4]   James Rumbaugh, Michael Blaha, William Premerlani, Frederick Eddy, William Lorensen "Object Oriented Modelling and Design", Prentice-Hall of India Private Limited.

[5]   Grady Booch, "Object-Oriented Analysis & Design with Applications", Pearson Education

[6]   Rogert.S.Pressman, "Software Engineering:A Practioner's Approach" Fifth Edition, McGraw-Hill Higher Education.

[7]   Dionisis X. Adamopoulos e George Pavlou, Universidade de Surrey, Inglaterra Constantine A. Papandreou, Organização Helénica de Telecomunicações (OTE) "Advanced Service Creation Using Distributed Object Technology", IEEE Communications Magazine 0163-6804/02, 2007

[8]   http://atlas.kennesaw.edu/~dbraun/csis4650/A&D/UML_tutori al/state.htm

[9]   http://www.agilemodeling.com/artifacts/stateMachineDiagram. htm

[10]   http://www.agilemodeling.com/style/stateChartDiagram.htm

[11]   http://www.informit.com/articles/article.aspx?p=360441&seq Num=5

[12]   http://www.developer.com/design/article.php/3080941

[13]   http://www.stickyminds.com/sitewide.asp?Function=edetail& ObjectType=ART&ObjectId=3718

[14]   http://www.sparxsystems.com.au/resources/uml2_tutorial/uml 2_packagediagram.html

[15]   http://www.agilemodeling.com/artifacts/activityDiagram.htm

[16]   http://www.sparxsystems.com.au/resources/uml2_tutorial/uml 2_Activity_diagram.html

[17]   http://www.agilemodeling.com/artifacts/useCaseDiagram.htm [18] http://www.developer.com/design/article.php/2109801 [19] http://www.andrew.cmu.edu/course/90-754/umlucdfaq.html [20] http://atlas.kennesaw.edu/~dbraun/csis4650/A&D/UML_tutori al/use_case.htm

[21]   http://www.objectmentor.com/resources/articles/usecases.pdf

[22]   http://www.agilemodeling.com/artifacts/classDiagram.htm

[23]   http://www.ibm.com/developerworks/rational/library/content/ RationalEdge/sep04/bell/

[24]   http://atlas.kennesaw.edu/~dbraun/csis4650/A&D/UML_tutori al/class.htm

[25]   http://www.developer.com/design/article.php/2206791

[26]   S.Balamurugan et.al, "Design and Analysis of Object Oriented Software using

UML in different perspectives", International Conference on Advanced Computing Technologies (ICACT 2008), Sponsored by TATA CONSULTANCY SERVICES TCS, Gokaraju Rangaraju Institute Of Engineering and Technology, Bachupally, Kukatpally,Hyderabad-500072, Andhra Pradesh, India.

Índice

Printed by Books on Demand GmbH, Norderstedt / Germany